혼자놀기

혼자놀기

권일주 수필집

좋은수필사

목차

일러스트 : 고혜선

혼자 놀기

"신문지 한 장만 손에 쥐어주면 그걸 가지고 꾸겼다가 폈다가 하면서 하루 종일 저 혼자 잘 놀았어. 배가 고파도 여간해서 울지를 않았지."

누군가에게 어릴 적의 나를 이야기하실 때마다 어머니는 이 한 마디를 빠뜨리지 않으셨다. 무던한 아이였다는 것을 이 말 속에 담아서 하신 것이었겠지만, 정작 본인인 나는 매번 다른 누군가가 펼쳐 놓은 그림 동화책의 한 페이지를 보는 느낌이었다. 아직 걸음마도 배우지 못한 아기 하나가 저 혼자 아무도 없는 방안에서 꾸겨진 신문지와 부스럭 부스럭 놀고 있는 그런 그림이다. '나'이면서 내가 전혀 알지 못하고 기억하지도 못하는 그런 '나'이다.

내가 기억할 수 있는 나는 늘 무언가 공상을 하면서 혼자 놀고 있는 '나'이다. 중학교를 마칠 때까지 나는 상당히 여러 번

전학을 다녔다. 그때마다 아버지의 임지를 따라 이사를 가는 트럭 위 짐들 사이에 끼어 앉아, 빠르게 뒷걸음치던 신작로와 휙휙 지나가는 산들과 하늘의 구름 떼들, 그리고 때로는 밤하늘의 별을 쳐다보며 나는 맘껏 공상을 펼치곤 했었다. 공상 속에서 난 언제나 무엇이든 잘하는 아이, 때로는 신통력까지 가지고 있는 아이로 등장했다. 그리고 그런 아이가 펼치는 상상의 나래는 끝이 없었다. 나는 늘 공상을 하며 혼자서도 잘 노는 아이였다.

공상을 하던 버릇은 집이 더 이상 이사를 다니지 않게 되고 내가 나이를 먹어가자, 이번에는 매일 밤 잠자리에 들어 잠이 들기 전까지의 시간대로 고스란히 옮겨졌다. 무언가 하나의 이야기를 만들어 나는 그것을 라디오 연속극처럼 매일 매일 이어갔다. '가만 있어봐, 어젯밤에는 어디에서 끝났지?' 하고, 나는 또 다른 나에게 어젯밤의 마지막 장면을 물어가며 이야기를 꾸며 이어갔다. 그때까지도 지어내는 이야기 속에서 나는 능력의 한계라는 것이 없었다. 줄을 멋지게 타는 곡예사가 되어 매번 새로운 기술을 펴 보여, 아래서 가슴 졸이며 올려다보는 사람들을 조마조마하게 만들었고, 늙수그레한 집사가 천천히 아주 우아한 몸짓으로 시중을 드는 영국의 옛 성의 주인이 되기도 했으며, 어느 때인가는 발표된 한 해의 모든 신문사 신춘문예의 당선자가 알고 보니 각각 다른 이름으로 응모한 '나 혼자'가 되기도 했다. 그렇게 나는 공상과 상상 사이를 멋대로 오가며 혼자 노는 것을 즐기는 어른으로 되어 갔다.

그런데 조금 더 나이가 들면서, 어느 날인가 문득 나는 '오늘의 나'에 만족을 하지 못하고 언제나 불만을 산처럼 버겁게 껴안고 사는 또 다른 내가 자꾸 공상을 하게 만드는 것이 아닐까 하는 의구심이 들었다. 그리고 일단 그런 생각이 들기 시작하자 공상을 일삼는 나 자신이 결코 곱게 보이지 않게 되었다. 의식적으로 나는 거기에서 벗어나 눈에 보이는 '생활 속의 나'로 들어가려 애썼다. 그 무렵의 생활의 무게도 나를 한몫 거들어주었다.

그리고 지금, 나는 내 자신이 그렇게 인정하는 것은 물론이요, 주위에서도 상상력이라고는 눈곱만큼도 없는 답답한 사람이라고 부르는, 그런 부류의 대표적 사람이 되었다. 소위 SF 영화라는 것에 난 전혀 재미를 느끼지 못한다. 모두가 재미있다고 박수를 치며 2부작, 3부작을 보기 위해 몰려다니고, 유사한 영화 포스터가 신문을 도배하고 영화관 앞에 계속해서 내걸려도, 나는 여전히 흥미도 재미도 느끼지 못한다. 이 세상에서 일어날 수 있는 일이 아니라고 생각하는 것에 나는 도저히 감정이입을 하지 못하는 사람이 되었다. 그런 세월이 쌓이다 보니 나는 상상력이 필요한 세계를 이해할 수 있는 능력이 눈에 띄게 떨어져 갔다. 어쩌다가 내 상상력이 가까스로 발돋움을 하여 겨우 가 닿는 것이 있어도 그것을 내 안으로 끌어당겨 내 안에서 자리를 잡게 만드는 힘이 없었다. 거기다가 한 술 더 떠서, 나는 직접 자신이 체험하지 않은 것이나 남에게서 들어 아는 것을 제 것인

양 큰 소리로 떠드는 사람들을 비뚤어진 시선으로 보며 상대조차 하지 않으려 했다.

그러면서도 한편으로는 이 시대를 사는 대부분의 사람들이 컴퓨터 화면을 바라보며 사이버 세계니 뭐니 하며 시간의 블랙홀 속으로 쉽게 들어가는 것을 부러움 섞인 경이의 눈으로 보기도 했고, 또 많은 일들이 디지털 화 되어 획획 바뀌어 가는데, 나 혼자만이 아직도 아날로그 초기적 화면 속에 갇혀 있는 것이 아닌가 하는 생각에 가위 눌리듯 자주 시달리기도 했다.

그러나 지금도 여전히 나는 상상을 하며 꿈과 놀기를 좋아한다. 달라진 것이 있다면 아무리 상상 속이라고는 하지만, 이제는 조금 염치라는 것이 생겨 차마 어릴 적처럼 공중을 훨훨 날아다니지는 못한다. 내 두 발은 이미 이 땅에 너무나도 확실하게 붙어 있기 때문에 그저 내 눈이 가 닿을 만한 것에다가 주위의 눈치를 슬쩍슬쩍 봐가며 덤 한 줌을 슬그머니 얹는, 그런 상상을 하며 꿈과 놀기를 한다.

한창 상상을 하며 꿈과 놀기를 자주 했을 때, '내 꿈의 리스트'를 '나 자신'에게서 한번 받아볼까 하는 생각을 해본 적도 있었다. 지나가는 한 줄기 바람처럼 잠시 해보았던 생각이었다. 그런데 웬일인지 요즈음, 새삼스럽게 나는 '꿈의 리스트'를 '나'에게서 정말로 한번 받아보고 싶다는 생각을 한다. 그때 만들려 했던 리스트를 꺼내 몇 군데 수정을 해야 할 것이다. 이번에 반드시 집어넣어야 할 것은 '집사의 시중을 받는 옛 성의 주인' 대신에 '일 년 동안의 해외 여행권'이다. 또 "나 잡아 봐라!"하고 해변을 달리는 장면 대신에 양지 바른 창가에서 문고판을 손에 들고 무릎 담요 한 장을 덮은 채 살짝 졸고 있는 노부인이 있는 장면을 하나 넣어야 할 것이다.

배가 고파도 칭얼댈 줄도 모르는 채, 신문지 한 장으로 하루 종일 혼자서 노는 아이가 있는 어린 날의 그 그림 속으로 아무래도 난 다시 들어가고 싶은 모양이다. 나는 오늘도 여전히 '혼자서도 잘 노는 사람'이고 싶다.

(2005. 8)

바보들의 대화

그녀에게서 그 이야기를 처음 들었을 때는 '설마'했다. 그러나 그녀는 사뭇 정색을 하고 말했다.

감기 기운이라도 있는지 몸이 으슬으슬 추워지며 천근만근인 듯 무거워지고 무슨 일을 하든, 아! 왜 이렇게 힘이 들지? 하고 느껴지는 날이면, 그 이튿날 아침 영락없이 남편이 먼저 냅다 자리에 눕는다는 것이다. 실제로는 아프지도 않는데, 나이 들어 늘어난 엄살이나 어리광, 뭐 그런 것으로 자리에 눕는 것이 아니라, 고열이 나고 정말로 아프다는 것이다. 그렇게 되면 그녀는 으슬으슬 춥고 천근만근이던 몸을 까맣게 잊게 되고 번번이 시중을 들어야 하는 판국이 되더라고 했다. 한번이라면 우연히 그렇게 된 것이라고 하겠지만, 가만히 생각을 해보니까 근 사십년 가까운 세월을 함께 살아오면서 거의 매번 그랬다고 했다.

“이런 것을 어떻게 설명해야 되나요?”

지나고 나서 돌아다보니 그게 그렇게 억울하다고 했다.

“큰 병이 아닌 다음에야 무릇 병이란 마음에서 오는 것이라니까 마누라가 아프면 어떻게 하나, 하는 걱정이 진짜로 미리 아프게 만드는 것일 거예요. 평소에 너무 잘 보살펴주시니까 남편이 어린애 같은 심정으로 살아가시고 있다는 증거예요.”

“그러다 보니까 난 평생 한 번 아파보지도 못했어요. 요즈음 들어 그게 갑자기 너무 억울하다는 생각이 들어요.”

우리는 바보들의 대화를 나눈 것일까?

(2008. 2)

무너져 내리는 소리

잠결에 무언가 창밖이 훤한 기척이 있어 몽롱한 눈으로 내어다 보니, 뒤뜰에도 내 창문 밖 소나무 머리 위에도 눈이 소복하다.

우수가 지난 지 일주일이다. 이제나저제나 하고, 개구리가 폴짝 튀어 나오는 장면을 상상하고 있는데 느닷없이 간밤에 눈이 하얗게 내렸다.

운 좋게도 내 작은 방의 책상은 뒷산을 마주하고 있다. 그것도 손만 뻗으면 닿을 수 있으리만치 산자락이 아주 가까이에 있다. 거창하게 말하면 불곡산 남쪽의 한 기슭이며, 수줍게 말한다면 장정걸음으로 성큼성큼 두어 걸음 되는 뜰을 사이에 둔 산 밑에 있는 방이다.

굳이 눈을 들어 보지 않아도 책상에 앉으면 키 작은 소나무들의 아무렇지도 않은 다정한 모습이, 그리고 조금 멀리로는 산밤나무며 참나무들의 목을 뺀 커다란 가지들이 눈에 들어온다. 각종 새들이 이 가지 저 가지로 찾아드는 것은 물론이고 가끔 운이 좋은 날엔 고개를 끄덕끄덕 하며 나무 밑을 헤집고 다니는 장끼의 모습도 보인다. 지난달 어느 추운 날엔가는 먹을 것을 구하러 왔는지 고라니 한 마리가 나타났다가 그 순한 얼굴로 두리번두리번 하다가 화들짝 제풀에 놀라 산 위로 도망가는 것이 보이기도 했다. 들고양이들은 내 방 창틀 아래를 찾아오는 단골손님들이다. 몇 번 먹을 것을 던져 주었더니 저희들 사이에 소문이 났는지, 아예 새끼들을 데리고 일가가 솔가해서 네댓 마리가 몰려오는가 하면, 불량스러워 보이는 수고양이가 어슬렁어슬렁 그들 언저리에서 눈치를 보고 있기도 한다. 내 허리를 훌쩍 넘는 높이의 창틀에까지 올라와 앉아 나를 빤히 쳐다보고 있는 놈들의 동그란 눈이 민망스러워 아예 먹이를 구해 놓고 던져주곤 했더니, 이번에는 산동네 까치들과 까마귀들까지 몰려와 창밖에서 시끄럽게 굴곤 한다.

느닷없이 눈은 내렸지만, 역시 봄은 멀지 않았나 보다. 씩씩한 검푸른 소나무 가지 위에도, 키 큰 앙상한 밤나무 가지마다에도 소복이 쌓여 있는 눈을 한동안 바라다보고 있노라니 그래도 무언가 한겨울과는 기색이 다르다. 금방이라도 나뭇가지들이 눈을 아래로 툭툭 부려놓을 것만 같다. 눈만 감으면 금세 눈이 무너져 내리는 소리들이 들릴 것만 같아 눈을 감아 본다. 지난해가 다 갈 무렵부터 유독 내 안에서 여기저기서 무너져 내리는 소리들이 시끄럽게 들려오고 있는 참이라서 더욱 민감하게 느껴지는지도 모르겠다.

피폐해진 내 안의 소리들이고 내 몸이 덜그럭거리며 내는 그 소리들이 시끄러웠다. 그런데 더 이상스러운 것은 그럴 때마다 난 예사스럽게 '될 대로 되라'고 지껄이고 있는 점이다. 아무렇지도 않게 '나도 몰라, 포기했어'라는 말도 자주 한다.

"깨끗한데 하루 더 입으세요."

하며 어제 벗어놓은 와이셔츠를 아무렇지도 않게 남편에게 내민다. 깜빡 잊고 하지 못한 일, 그래서 빚어진 실수에도 당황해하지 않고 그럴 수도 있지 뭐, 라고 입을 쓱 닦는다. 부수수한 머리로 코트를 뒤집어쓰고 무척이나 바쁜 듯 슈퍼에 뛰어가기도 하고, 불룩 삐져나온 옆구리 살을 손으로 잡으며 '나이 먹은 청승살이야' 하며 천연덕스럽게 그냥 웃기도 한다. 무릎이 아파 빨리 뛰지도 못하고, 계단을 한 칸 한 칸 걸음마 하듯 내려가면서도 나이를 들먹이며 어쩔 수 없는 일이라고 체념하려 한다. 굉장한 훈장처럼 나이를 자꾸만 가슴팍에 달려고 한다. 그리고 문제는 그것이 편하다고 생각하려 한다.

어제도 난 양재역에서 층계 대신 엘리베이터를 탔다. 물론 노약자용이다. 테니스장에는 올라갈 생각도 못하고, 하릴없는 사람 모양 느릿느릿 트랙을 걷다가, 그런 내가 갑자기 싫어져 앉은뱅이 자전거 의자에 털썩 주저앉았다. 내 삶에서 테니스를 할 수 있는 날도 얼마 남지 않았나 보다 하는 생각이 드는데도 예전처럼 서럽지도 않았다.

투욱! 툭! 창밖에서 무언가 떨어지는 소리가 들린다. 드디어 나무 위에 쌓여 있던 눈들이 무더기무더기 떨어지고 있다. 아침 햇살에 더 이상 견딜 수가 없었을 것이다.

내 안에서 들려오던 무너져 내리는 소리가 뜻하지 않게 밖에서도 들려온 날이다.

(2008. 2)

난 아무 것도 필요 없다

한 게임이 끝난 후 땀을 닦으며 잠시 이야기가 가족이야기로 넘어갔다. 이미 십년이 넘도록 반가운 얼굴로 만나 땀을 흘리며 게임을 하지만, 돌아서면 그뿐 개인적인 이야기는 서로 거의 하지 않는 테니스코트에서의 이례적인 일이었다.

"아버님이 건강은 하세요?"

올해 아버지가 아흔이 되셨다는 이야기를 듣고 나는 의례적인 인사치레는 해야 한다는 생각으로 K씨에게 물었다. 나라는 사람이 본래 말주변이라고는 없는데다가 한번 뵌 적도 없는 분께 달리 물어 볼 말을 찾아내지 못해 우물쭈물 하다가 기껏 매뉴얼에 있음직한 말을 하나 끄집어낸 것이었다. 출석 부르기 전에는 앞으로 나서지 않는 편이었는데 어쩌다보니 말은 이미 입 밖으로 나온 뒤였다.

"앞으로 2, 3십년은 거뜬하다고 늘 말씀하시지요. 그런데 제가 보기에는 요즈음 영 시원찮으시구먼요."

그 또한 말주변이라고는 없는 사람인지라, 뜸을 들이듯 한참 후에 입을 연 뒤에 띄엄띄엄 이어지는 그의 이야기는 다음과 같았다.

지난번에 내려가 뵈었더니 말씀 도중에 아버지가 자꾸 허리를 두드리셨다. 그는 서울로 돌아와 척추를 받쳐주는 교정용 허리밴드를 하나 사서 시골로 부쳐 드렸다고 한다. 그랬더니 며칠 후, 아버지에게서 전화가 걸려 왔다. 아버지 전화를 받은 건 평생 동안 다섯 손가락 안에 들 것이라고 했다.

"야야!, 허리 아픈 기 이자 훨씬 덜해야."

수화기 너머에서 아버지의 목소리가 한결 씩씩하게 웃고 계셨다.

그리고 또 서너 달이 지났다. 안부 전화를 했더니, 아버지가 전에 없이 수화기에 대고 마구 소리를 질러대듯 큰 소리로 말씀을 하시는 것이었다. 전화를 끊고 그는 보청기를 하나 사서 보내드렸다. 그리고 며칠 후 아버지가 또 전화를 하셨다.

"야야!, 이제 니가 말하는 기 아주 크게 잘 들려 야! 내 속이 다 시원타, 야!"

말을 마치자 K씨는 아무 말 없이 돌아서서 담배에 불을 붙이며 코트 뒤편으로 나갔다.

그는 자동차보다는 오토바이를 윙윙 소리 내어 타는 것을 즐기고 평생을 장사판에서 거칠게 살아가는 사람이다. 성격도 생활도, 걸음걸이조차도 내가 만나온 사람 가운데 가장 거칠다면 거칠고, 또 옆에서 보기에 신기하리만치 자유로운 정신세계를 지닌 사람이다. 지난해에는 산삼을 캐러가는 심마니들을 따라 산속을 뒤지고 다녔노라고, 몇 달 만인가에 느릿느릿 코트에 나타났는가 하면, 멧돼지를 잡는다고 눈 쌓인 겨울 산을 사냥총을 들고 쏘다니다가 왔다고 하며, 몇 달을 코트에서 사라진 적도 있었다.

"지가 공부에 취미가 없다는데 할 수 없지요, 뭐. 대학가는 거 대신, 뭐든 네가 하고 싶은 거 하라고 했어요."

아들이 입시를 치를 즈음에는 아무 주저 없이 내게 그렇게 말하기도 했다. 그는 늘 이런 식이다. 주위의 시선이나 이러쿵저러쿵 하는 말에 아랑곳하지 않는다. 여전히 술과 담배와 친히 지내며, 내 상식으로는 이해할 수 없을 만큼 자유롭게 자신의 방식으로 인생을 살고 있는 사람이다.

요즈음 그가 테니스장에서 보이지 않네, 라는 생각이 들다가 그 생각을 앞질러 담배를 피워 물고 테니스장 뒤편으로 나가던 그의 구부정한 등이 떠올랐다. 그리고 그의 담배 연기 속으로 오래 전의 다른 기억 한 장이 서서히 형태를 지으며 눈앞으로 다가왔다.

어머니가 돌아가시기 이태 전이었다. 사월 초파일인 어머니

생신을 며칠 앞두고 있던 날, 난 알량하게 어머니에게 전화를 드렸다.

“엄마! 뭐, 필요한 거 없어요? 이번에 엄마 선물 뭘 해드릴까요?”

“난, 아무 것도 필요 없다, 다 있는데 뭐.”

늘 그러하듯이 수화기 너머에서 어머니는 그렇게 말씀하셨다. 그리고 난 그것을 믿는 척 했다. 아니, 난 그렇게 믿어버리고 싶었을 것이다.

(2008. 2)

나이 고개

"늙는다는 건 단지 언덕을 힘겹게 올라간다는 것만이 아니다. 죽음을 두려워하지 않는 것일 수도 있다. 그것은 어떻게 보면 의욕상실이기도 하다."

노벨문학상을 받은 터키의 작가 오르한 파묵 Orhan Pamuk의 ≪내 이름은 빨강≫ 을 읽다가 이 구절에서 몇 번인가 되돌이표를 보았다.

비록 노벨문학상이라 할지라도, 언제부터인가 문학상을 받은 작품에게 별반 구미가 당겨지지 않아 외면을 하고 지내오다가 아이의 권유로 손에 들었던 책에서 이 구절을 만난 것이다. 그리고 다시 그 페이지로 돌아가고 또 돌아가기를 몇 번인가 되풀이 했다.

일 년이라는 세월도 헐어놓고 보니 금방 바닥이 나더라는 말을 내게 해 준 사람이 누구인지 생각이 나지 않는다. 그게 남편이었던가, 친구이었던가. 눈 한번 깜짝 한 것 같은데 오전이 홀라당 날아가 버리고, 아직 초순인가 하면 이미 한 달의 마지막 주에 와 있다. 머지않아 새로 꺼내 헐어 쓸 세월도, 서랍 속에 깊이 넣어 두고 때때로 꺼내 바라보기라도 하는 희망도, 의욕도, 꿈도 아무 것도 남아있지 않게 될 것이다. 아니 서랍은 이미 거의 비어버리고 허연 바닥이 군데군데 드러나 있는 지도 모르겠다. 고집으로, 오기로 아직 남아있다고 우기며, 저기 봐! 저 구석에 희망의 색, 파란색의 부스러기가 보이잖아! 하며 내 인생에 억지스런 떼를 쓰고 있는 것일지도 모르겠다. 그러나 억지를 쓰면 쓸수록 숨은 더 가빠지고 힘이 더 든다.

누군들 자기의 인생 자신의 마음에 들어 입맛 짝짝 다시며 사는 사람이 몇이나 있겠어, 라는 말에 기대어 쉬엄쉬엄 나이 고개를 넘어갔으면 싶다. 고개는 점점 더 가파르게 되어 가는 것 같다.

(2008. 2)

머피Murphy의 법칙

"마누라 때린 날, 하필이면 장모님이 찾아왔다는 말이 있지? 오늘 완전히 내가 그 꼴이었다니까요."

잔뜩 구겨진 얼굴로 앉아 있던 송장관이 나를 보자마자 기다렸다는 듯 반색을 하며 던진 말이다. 나는 기꺼이 그이의 원군이 되었다.

오늘은 손자를 봐주던 아줌마가 자기네 집에 제사가 드는 날이라서 오지 못하게 되었다고 한다. 그래서 유치원 끝나는 시간에 맞추어 그이가 손자를 데리러 가기로 아침에 단단히 약속을 했단다. 그런데 갑자기 중요한 일이 생겨 그 일을 처리하다보니 도저히 그 시간에 대어 갈 수가 없게 되었다. 하는 수 없이 그이는 직장에 있는 며느리에게 전화를 해 어떻게든 시간을 내어 아이를 데리러 가라고 연락을 했다. 그런데 수화기를 통해 들려오는 며느리의 대답 품새가 평소의 말투가 아니고 아무래도 이상했단다. 꼬치꼬치 그 이유를 물었다.

"아침 출근할 때부터 아래턱이 빠져서 발음이 잘 안돼요. 사실은 점심시간에 병원엘 가보려는 참이었어요."

그러나 어쩌겠는가, 결국 며느리가 병원 가는 일을 뒤로 미루고 아이를 데리러 가겠다고 했다. 그렇게 일단 마무리는 되었지만, 어미 된 마음이 편할 리가 없어 진종일 울적했다는 이야기였다.

"어려운 일, 나쁜 일은 저 혼자 오지 않는다고 하잖아요."

말을 하는 나 스스로도 전혀 납득이 안 가는 말로 위로랄 수도 없는 위로를 하며 그이의 구겨진 얼굴을 펴보려고 했지만, 그것은 열이 완전히 식은 다리미에 불과하다는 것이 느껴졌다. 그래서 일찍 들어가 봐야 한다며 황망히 그이가 자리를 뜨고 혼자 덩그러니 남게 된 나, 멍해 있다가 '우연'이라는 것은 정말 존재하는 것인가 하는 생각이 들었다.

(2008. 2)

낙법 연구

짧게 오는 공을 받아치려고 뛰어가다가 계여사가 앞으로 굴렀다. 운동화 밑창에 문제가 있거나, 너무 급하게 뛰어가려다 두발이 서로 엉켰을 것이다. 60중반을 넘은 나이가 나이인지라, 순간 함께 게임을 하던 모두가 숨을 죽였다. 앞이마가 깨졌든지, 쓰고 있는 안경이 뭔가 큰일을 저질렀든지, 아니면 어깨나 무릎 어딘가에 심한 골절이 생길 수도 있는 상황이다. 상대편 코트에 서있던 내가 라켓을 던져놓고 달려갔더니, 계여사가 어깨를 툭툭 털며 웃는 얼굴로 일어났다.

"괜찮아요, 아무 데도 다친 데 없어요. 내가 구르는 법을 좀 알거든요. 순간적으로 가슴을 오므리고 팔로 몸을 감싸 안았어요."

테니스 코트에서 종종 일어나는 일이다. 지난달에는 김 교수가 머리 위로 훌쩍 넘어 오는 로빙 볼을 잡으려고 뒷걸음질을 치다가 뒤로 벌러덩 넘어진 적이 있었다. 저런! 위험해! 하며 모두 가슴 철렁해 했지만, 김 교수도 이내 운동복 바지엉덩이를 툭툭 털며 일어났다.

"이젠 내 몸이 넘어지는 법을 좀 알고 있나 봐요."

기계체조, 리듬체조 같은 것을 볼 때면 숨을 죽이고 있다가 늘 마지막 착지하는 순간에 박수를 치게 된다. 두 발이 바닥에 사뿐히 내려앉으며 하늘을 향해 두 팔을 높이 들고 고개를 뒤로 착 젖히는 순간, 누가 시키지 않아도 저절로 박수가 나온다. 물론 그것이 매끈하게 마무리 되지 않고 발이 두세 번 허둥거리며 몸이 중심을 잃거나 엉덩방아라도 찧게 되면, 그걸 보는 이의 안타까움은 이루 다 말할 수가 없다. 아! 하는 안타까워하는 신음소리가 합창하듯 여기저기서 터져 나온다. 착지하는 순간, 공중에서 떨어지는 그 순간의 모습이 그 모든 과정의 결과이고 마무리라는 생각을 모두가 무의식적으로 하고 있는 것이다.

가끔 산에 오른다. 두툼한 운동화 하나만 신고 현관을 나가면 바로 뒷산으로 오르는 길이 시작되는 곳에 운 좋게도 살게 된 덕분에, 자투리 시간에 산보하듯 가벼운 마음으로 나서기도 하고 그러다가 간혹 제풀에 짓이라도 나면 교외의 산을 기웃거리기도 하고, 또 어쩌다가는 전국의 여러 산을 넘보며 깜냥도 안 되는 욕심을 부려보기도 한다. 산을 오른다고 해서 무슨 심오한 생각을 하는 것도 아니요, 사랑스러운 눈길로 풀숲을 헤집어 본다든지 햇빛에 일렁이는 나뭇잎들을 으음! 예쁘다, 하며 정이 담긴 눈으로 바라보는 그런 타입도 난 아니다. 올라갈 땐 그저 무리하지 않게 체력을, 호흡을 조절하는 것만을 생각하며 걷고, 또 내려올 땐 헛발을 딛거나 미끄러지지 않고 무사히 발을 내려 딛는 일에 온 신경을 쏟으며 내려올 뿐이다. 마음을 거의 백지 상태에 놓고 그저 걷는다. 그리고 늘 올라가는 것보다 내려가는 일이 더 힘이 들고 중요하다고 생각한다.

그런데 뒷산을 느릿느릿 가든, 용기 내어 먼 산을 저벅저벅 가든, 여전히 극복하지 못하는 문제가 하나 있다. 가는 도중에 문제가 생기면 애초에 계획했던 것을 빨리 포기하고 돌아서서 내려와야 하는데, 돌아서는 것이 잘 되지 않는다. 급히 컨디션이 떨어졌다든지, 갑자기 날씨가 험악해졌다든지 하는 경우가 그런 경우이다. 입 끝으로는 돌아서자, 돌아서자 하면서도 미련을 버리지 못해, 갑자기 쏟아지는 폭우로 관악산 골짜기에서는 물에 떠내려갈 뻔했던 일도 있고, 갑자기 힘이 빠져 얼굴색이 하얗게 되고 귀가 멍멍해져 버리는 바람에 아무데나 풀썩 주저앉아 혼이 났던 적도 있다. 그러면서도 여전히 도중에 돌아서기가 그렇게 어렵다. 매번 고집을 부려 가족들의 눈총을 받기 일쑤다. 자신이 그런지라, 신문에서 히말라야 등반에 나선 산악인들이 악천후를 만나 몇 번째인가의 캠프에서 철수했다는 기사를 볼 때면, 그런 결정을 내리는 일은 정상에 태극기를 꽂는 일보다 더 어려운 일이었을 것이라고 나름대로 확실하게 단정한다.

그러나 생각해보면, 올라가는 것 보다 내려오는 일이 더 힘이 들고 중요한 일이 어디 산행뿐이겠는가. 자의든 타의든 왕성하게 하던 일에서 조금씩 손을 떼며 자기 인생의 정점에서 내려오는 일도 아주 어려운 일일 것이요, 튼튼하고 건강하다고 뽐내던 몸에서 하나 둘 손을 놓는 일도 그러할 것이다. 기억력 하나만 철석같이 믿으며 수첩 같은 건 내 사전에 없다고 큰소리치다가 어느덧 무엇이든 수첩을 뒤적이어야 안심이 되는 자신을 인정하는 일은 더욱 그러할 것이다. 알듯 하면서도 여전히 나는 두 발이 안정되게 착지를 하지 못해 중심을 잡지 못하고 허둥거리고 있는 느낌을 견뎌내고, 많은 일에서 손을 거두고 자신을 접는 일에 낯설어한다. 내 삶에서 더 이상 만회할 시간이 남아있지 않다고 느끼기 시작한 작년 올해 더욱 그러하다.

낙법, 구르는 법, 넘어지는 법, 돌아서는 방법, 그런 어휘들이 머릿속을 시끄럽게 휘젓고 다니는 나날이다.

(2008. 3)

맥주 한 잔

후쿠다 켄 福田 健 이라는 일본의 한 외과의사가 쓴 글 한편을 읽고 혼자 키득키득 웃어버렸다. 그 장면을 쉽게 상상할 수 있도록 쓴 사람의 글 솜씨가 뛰어났기 때문이기도 하지만, 그 보다는 바로 엊저녁 우리 집 식탁에서 벌어진 일이 생각났기 때문이었다. 글의 내용을 대충 요약하면 다음과 같다. 〈치질 Hemorrhoids〉 이라는 제목의 글이다.

외래에서 진찰을 하고 있는데 접수 데스크 쪽에서 소란스러운 소리가 들리는가 싶더니, 얼굴빛이 새파래진 간호원의 뒤를 따라 황금빛 호랑이 무늬가 박힌 검은 점퍼를 걸치고 어깨를 흔들며 걸어 들어오는 사람이 있었다. 어김없는 깡패였다. 이 지방에서 '큰 호랑이'파라고 불리고 있는 조직의 간부이다. 그가 치질 수술을 해달라고 했다.

"치질은 재발이 많은 병입니다."

나는 어떻게든 그의 수술을 맡지 않으려고 여러 가지 부정적인 면을 먼저 거듭해서 강조했다. 그러나 결국, 수술을 하게 되었다. 수술 당일에도 그는 전혀 긴장을 하는 기색이 없었다. 어쨌든 그의 몸집은 대단했다. 삐걱삐걱 하는 소리가 그가 올라와 누운 수술대 여기저기에서 났다. 거기다 그의 온몸 구석구석에 샅샅이 그려 넣은 문신에서 나오는 총천연색 색깔들이 온통 하얀색뿐인 수술실에서 유난히 두드러져 보여 보는 것만으로도 오싹함이 느껴졌다. 혹시라도 수술이 잘못되어 나중에 무슨 트집이라도 잡히는 날이 오면 정말 큰일이다. 나는 각오를 다지고 또 다졌다. 그동안 이렇게 진지하게 수술을 하는 의사를 본 적이 없는 것 같다. 내가 보지는 못했지만 설령 그런 의사가 있었다고 한다면, 틀림없이 수술을 담당했던 그 의사는 이미 유명한 명의가 되었든가 아니면 위궤양에 걸렸든가 둘 중의 하나일 것이다.

다행히 수술은 성공적이었다. 그리고 며칠 후 큰 호랑이는 기분 좋게 퇴원을 하였다. 그제야 나는 평온한 내 일상으로 되돌아올 수 있었다.

그리고 얼마 후, 시내에서 축제가 있었다. 나도 모처럼 아내와 아이들의 손을 잡고 밤거리로 나갔다. 가두街頭에 이마를 맞대고 있는 노점상들을 여기저기 기웃거리고 있을 때였다. "선생님!"하고 큰 소리가 들렸다. '큰 호랑이'가 부하들을 데리고 거기서 노점을 열고 있었다.

"선생님, 잠깐만 기다려 주십시오."

큰 호랑이가 그 큰 몸집을 구부리고 비좁은 판매대 안쪽으로 들어가더니 땀을 뻘뻘 흘리며 엄청나게 큰 솜사탕을 두개를 만들어 아이들에게 건네주었다. 물론 돈은 받지 않겠다고 했다. 그리고는 "선생님 덕분에 아주 좋아졌습니다."

하며 씨익 웃는 것이었다. 뜻밖의 호랑이의 출현에 아내와 아이들은 겁을 먹고 내 뒤로 숨는 듯한 얼굴이면서도, 나를 완전히 다시 보는 것 같은 표정들이었다. 그들의 그런 시선을 느끼자 나도, '이 아빠가 바로 이런 사람이야!' 하는, 으쓱하는 기분과 나 자신이 무척 자랑스러운 느낌마저 들었다. 우쭐대는 기분이 들자 나도 모르게 한바탕 큰 소리를 쳤다. 거기에는 마침 조금 전에 한 잔 마신 맥주가 풀무가 된 탓도 있을 것이다.

"깡패라고 너무 겁을 내니까 오히려 좋지 않은 거야. 사실은 그들도 굉장히 외로운 사람들이거든. 그래서 아주 작은 친절도 그들 마음에 사무쳐 잊히지가 않는 것이야. 그들도 알고 보면 우리와 똑같은 인간이잖아. 게다가, 무슨 병이든 병을 앓고 있는 사람은 의사 앞에서 모두 똑같이 기가 죽는 법이야."

그리고 며칠이 또 지났다. 그날도 여전히 외래에서 진찰을 하고 있는데 밖이 소란스러웠다. 내어다 보았더니 호랑이가 잔뜩 긴장한 얼굴로 쿵쿵 발소리를 내며 들어오고 있었다. '우왓! 재발을 했나보다' 나는 온 몸이 부들부들 떨려오는 느낌이었다. 호랑이가 입가에 묘한 웃음을 띠고 다가왔다.

"선생님, 오늘은 부탁이 있어서 왔습니다. 실은 꼭 선생님한테 치질 수술을 받고 싶어 하는 사람이 있습니다만."

'뭐야, 이건 재발은 아니잖아?' 일단 안심을 하면서, 의사된 습관으로 사뭇 아무렇지도 않게 그게 누구냐고 물었다.

"괜찮으십니까?"

호랑이가 흡족한 얼굴로 내 말을 재차 확인하더니, 이내 뒤를 돌아보며 큰 소리를 말했다.

"두목님! 두목님! 선생님께서 괜찮으시답니다. 자아, 이쪽으로 오십시오."

"엣? 두, 두, 두목님? 나는 그저 누구……."

더듬더듬 내 말이 채 끝나기도 전에,

"좋아!"

하는 힘찬 목소리와 함께 덩치 큰 사내 하나가 성큼성큼 진찰실 안으로 걸어 들어왔다. 나는 무의식적으로 의자에서 벌떡 일어났다. 그리고 쏜살같이 뒷문을 열고 밖으로 달아났다.

그렇게 큰 소리로 자랑할 만한 일은 못될지도 모르지만, 오래전부터 저녁 식사에 맥주 한두 잔을 곁들이는 것이 습관이 되어 있다. '운동과 목욕 후 맥주 한 잔은 알코올이 아니다, 그건 어디까지나 그저 시원한 음료일 뿐이다'라고, 듣는 이가 없는 데도 나는 강조를 한다. 그 말에 눈을 흘길 사람이 있다는 것을 모르는 바가 아니므로 더 억지를 쓰는 것인지도 모른다.

그런데 얼마 전 도수가 약간 높은 새로운 맥주가 나왔다는 뉴스가 있었다. 내가 그것을 그냥 지나칠 리가 없다. 10년쯤 전에 프랑스에 갔다가 수도원에서 만든 도수가 센 맥주를 똑같은 맥주인 줄 알고 무심코 꿀꺽꿀꺽 마시고 낭패스러웠던 기억이 왠지 지금은 기분 좋은 추억으로 남아있어 그 기분이 부추기며 거든 것도 상당한 몫을 했을 것이다. 그리고 이즈음 나는 뭔가 자꾸 궁지에 몰리는 듯한 느낌에 있었으므로, 그 마음이 10년쯤 전의, 그때의 그 세월 속으로 내심 거슬러 올라가고 싶었는지도 모른다. 나는 재빨리 새로 나온 맥주를 사갖고 와 차게 해서 엊저녁에는 그것을 식탁 위에 놓았다. 도수 차이가 약간이지만 몸에서 느끼는 느낌은 아주 달랐다. 목소리 톤이 올라가는 것은 물론 말이 술술 잘도 나왔다. 눈치 빠른 남편이 그런 내 꼬락서니를 그냥 넘길 리 없다. 애주가임을 자처하는 터에 주도라는 것은 지켜야 하니, 뭐라고 말은 하지 못하고 마지못해 또 다시 비어버린 잔에 맥주를 채워주며 남편이 한 마디 했다.

"느이 엄만 알코올이 들어가면 깡패가 된단다."

그의 말대로 나는 어느덧 씩씩한 깡패가 되어 있었다. 아니 어쩌면 나는 때때로 깡패가 되고 싶은 것인지도 모른다. 오늘도 맥주 한 잔이 나를 또 시원하게 했다.

내게 맥주 한 잔은 어디까지나 시원한 청량음료이다.

(2008. 3)

그런 대로 한 세상

어제 모처럼 아주 신나는 일이 하나 생겼다. 슬며시 웃음이 번져 나오는 글 한편을 읽은 것이다. 영국 사람들이 반응이 느리다는 것을 묘사한 것이었다.

영국 사람들이 죽어 묻혀있는 시민 묘지에 가면 여기저기 묘석 아래서 온갖 웃음소리가 들려온다는 것이다. 언뜻 들으면 소름이 끼칠만한 섬뜩한 이야기이이다. 그러나 사실은 그게 아니었다. 살아있었을 때 들었던 이야기가 무덤 속에 묻힌 후에 그제야 비로소 우습게 느껴져 무덤 속에서 웃는 소리라고 한다.

'아아! 이 사람들도 나처럼 형광등 과인 모양이다, 그래서 난 영국 사람들을 나도 모르게 좋아하는 것일까?' 나는 오래 미루어 오던 숙제를 푼 듯한 느낌마저 들었다. 그리고 자연스럽게 10년쯤 전에 파리에서 런던으로 가는 기차 속에서 본 장면 하나가 떠올랐다.

내가 앉은 좌석에서 엇비슷이 보이는 창가 좌석에 은발의 노신사가 한 사람 자리를 잡고 조용히 책을 보고 있었다. 주위의 소리까지도 잠재우는 듯이 사뭇 조용한 분위기였다. 그런데 얼마쯤 시간이 지나자, 그가 가방을 열더니 역시 조용조용히 뭔가를 꺼내었다. 착착 접은 빳빳하고 새하얀 냅킨 한 장이었다. 그는 그것을 펴서 좌석에 붙어 있는 간이 식탁 위에 반듯하게 깔고 접시와 나이프, 포크를 꺼내 올려놓았다. 식사를 하려는 것 같았다. 그런데 그가 꺼낸 것을 빨간 사과 한 알이 전부였다. 그것도 크기가 어린아이 주먹만 한 작은 영국 사과였다. 그는 천천히 사과를 깎아 몇 쪽으로 잘라 접시 위에 올려놓고 그제야 포크를 들고 조용히 한쪽씩 먹기 시작했다. 나는 벌어진 입을 다물지 못하고 바라보고 있었다.

그 후, 두고두고 영국 사람들에 대한 이야기할 때마다 그것은 내 이야기의 단골 메뉴가 되어왔다. 그리고 어제 그 글을 읽은 후, 다시금 그 장면이 생각난 것이다.

여러 번 말한 적이 있지만, 난 완전한 '형광등 과'이다. 매사에 반응이 느리다는 이야기이다. 반응이 느리다는 것은 답답하다는 뜻이 짓누르듯 무겁게 등에 업혀 있다. 그리고 그것은 평생 동안 날 따라다니는 커다란 내 콤플렉스이다. 그러다 보니 자연스럽게 자기보호본능이 발동을 하는 것인지, 그런 자신을 얼버무려 감싸듯 난 무엇이든 디지털적인 것보다는 아날로그 적인 것을 좋아한다고 떠들며 살았다. 빠른 지름길을 찾아가는 것을 좋아하지 않으며, 멀어도 애초의 길을 돌아가는 것을 좋아한다고 되지도 않는 고집을 피우고, 속성이나 단기 완성이니 하는 말을 소름끼치게 싫어한다고 이마에 주름을 모으며 말한다. 자기 보호본능이라는 것이 나도 모르는 사이에 내 안에서 터를 잡고 앉아 철저하게 주인 행세를 하고 있다.

그런데 말은 그렇게 하면서도, 이건 팽팽 돌아가는 현실을 따라가지 못하기 때문에 핑계를 둘러대는 것이나 아닌지, 매번 말을 할 때마다 기실 찔리는 구석이 없는 것도 아니다.

어제 책을 덮으며 나는 좋은 핑계거리를 하나 찾은 것처럼 의기양양해졌다. '형광등 과인 나, 아날로그적인 나, 반응이 느린 나, 그런 대로 한 세상 그냥 저냥 살아야지 뭐'

제각기 다 제 나름대로 살아가기 마련인가 보다.

(2008. 3)

용기와 포기

"구하지 말라, 그러면 구하지 않는 너 자신의 용기를 알게 될 것이다."

아침에 읽은 어느 외국작가의 글 한 줄이 하루 종일 마음을 잡고 놓질 않는다. 때마침 용기라는 것은 포기라는 말의 또 다른 이름이 아닐까 하는 생각을 며칠 째 하고 있는 참이었다.

요즈음 많은 일에서 그런 물음표에 부딪친다. 가령 좁은 지하철 안에서 빈자리가 생겼을 때, 그것도 내가 서있는 바로 앞이 아닌 경우에 재빠르게 가서 앉는다면 그것은 나의 용기일까, 나 자신의 포기일까, 하는 등의 자그마한 일들이다. 그런데 나는 지금 많은 것을 포기해야 하는 시점에 와 있다고 흔히 말들을 한다. 그리고 나는 자의에 의해서건 타의에 의해서건 포기를 하려 할 때 드는 에너지의 양은 용기를 가질 때 드는 양보다 훨씬 더 많은 함량의 에너지가 필요하다는 것을 어렴풋이 느낀다. 이런 일들이 자꾸 생기다보니, 젊은 시절, 용기일까 포기일까 하고 던지던 물음에 이제야 어렴풋이 답을 알 것도 같다. 그것은 따로따로 떼어놓을 수 없는, 결국은 동전의 양면 같은 것이라는 생각이 든다.

물론 말이라는 것, 똑같은 단어라는 것이 누구에게나 똑같은 의미를 지니는 것이라고는 생각하지는 않는다.

(2008. 3)

내 마음 나도 몰라

유달리 책 욕심이 많은 사람들이라, 이사를 할 때마다 이삿짐의 거의 반이 책 꾸러미들이다. 그런데 종종 책 정리를 한다고 마음을 다잡고 앉아 밖으로 내보낼 책들을 추리다 보면 그 속에 매번 무더기로 끼어있는 만화책에 놀란다.

어린아이가 있는 집도 아니요 시도 때도 없이 들락거리는 조카도, 또 아이를 데리고 허물없이 드나드는 이웃이 있는 것도 아니다. 버젓한 어른 셋에, 만화책 같은 건 전혀 읽을 줄도 모르며 하루 스무 시간 쯤은 혼곤한 잠에 빠져있는 조용하기 이를 데 없는 고양이 한 마리가 사는 집이다. 그런데 만화책이 치우면 또 쌓인다.

일본에서는 만화가 상당한 대접을 받고 아소타로麻生太郎라는 총리대신은 만화 읽는 것을 자랑으로 여기며, 그가 외무대신으로 있을 때 만화책을 가져가 외국대표들에게 나누어 줄 정도였다고 하지만, 내 관념 속에서 만화는 어디까지나 어린이가 읽는 책이다. 그래서 혹시 우리는 모두 성장이 멈추어 선 사람들이 아닐까 하는 생각을 가끔 한다.

어느 일정한 시기에 성장이 멈추어 버린 듯한 사람을 주변에서 만나는 일이 그렇게 드문 일은 아니다. 신체적인 병을 앓고 있는 사람들이어서, 대부분이 순수한 어린아이 같은 행동을 하며, 주위에서도 거기에 맞추어 대응을 하곤 한다. 자기 의지와 상관없이 발병한 경우이고, 자기 자신이 어찌 할 수가 없는 경우일 것이다.

그런데 요즈음은 이와는 다르게 자기 의지로 성장을 멈추게 하는 사람들이 늘어나고 있다. 스스로 자진해서 일정한 선에서 성장이 멈추도록 유예시켜 놓고 있는 것이다. 주름살 제거수술이나 무슨 주사를 맞느니 하며, 자신의 얼굴을 삼십대에 멈추어 있게 해놓은 5, 6십대 여자를 만나는 일은 이런 화제에서 가장 먼저 떠오르는 초기 화면이다. 그들은 나이만큼 나이 든 얼굴로 사는 것은 자기의 삶에 실패한 증거라고 주장한다. 여자들만의 이야기가 아니다. 매일같이 코앞에 들이대며 선전해대는 남성용 약품이며 화장품들이 불티나게 팔린다는 것을 보면, 아아! 옛날이여! 에 머물러 있고 싶은 건 여자만이 아니라는 이야기이다. 나이가 꽉 차서도 결혼할 생각을 하지 않고, 부모 밑에 있으려 하는 아이들이 늘어나고 있다는 소리도 주위에서 심심찮게 들린다. 언제까지라도 아이로 있고 싶은 심리일 것이다.

그뿐이 아니다. 비슷한 나이끼리 여행을 가보면, 식사 후 으레 여기서 부스럭, 저기서 부스럭, 하나같이 한 움큼씩의 약봉지를 꺼내든다. 물론 꼭 먹어야 할 치료용 약도 있지만, 좋게 말해서 예방 차원이요 고까운 말투를 빌리면 생명 유예 차원의 약이 대부분이다. 아무 약도 가지고 가지 않아도, 여행 내내 이 약 저 약, 몸에 좋다는 약들을 실컷 얻어먹으며 다녔다는 이야기도 웃음소리에 섞여 들려온다.

성장의 멈춤, 노화와 생명의 유예, 아니 어쩌면 머지않아 나는 원하든 원하지 않던 틀림없는 죽음 유예 환자가 되어 있을지도 모른다. 아주 평범한 보통 사람인 나는 가랑비에 옷 젖는 줄 모르듯이 유행의 흐름 속에서 혼자 독야청청하고 있던 적도 없었으며, 또 거기서 크게 벗어나는 것을 두려워하기 까지 했다는 것을 이만큼의 나이가 가르쳐주고 있기 때문이다. 바로 재작년까지만 해도 짧은 스커트 밑에 바지를 입고, 재킷 아래로 긴 티셔츠가 나와 있는 것이 결코 예쁘게 보이지 않던 내 눈이 아니던가. 그런데 어제는 배꼽이 보이는 짧은 윗도리를 사들고 와 딸에게 디밀었다.

내가 지금은 완강히 부인하며 가위표를 긋는 일에, 인생의 또 어느 골목에선가 나는 그 가위표를 지우느라 땀을 뻘뻘 흘리고 있을 지, 내 마음 나도 모르는 일이다.

(2008. 3)

카페 〈봉 보아야쥬〉

길 한쪽 구석에 수줍게 입을 가리고 반쯤 돌아선 모습으로 서 있는 간판에 김이 모락모락 오르는 찻잔 하나가 그려져 있었다. 날이 어두워져 거기에 불이라도 들어오면 더욱 운치를 드러낼 것 같다. 나는 말 잘 듣는 아이처럼 약간 비껴 돌아 서있는 그 간판이 이끄는 대로 뜰을 몇 걸음 걸어 들어갔다. 앞쪽에 '카페 봉 보아야쥬 Café Bon Voyage'라고 쓴 작은 문이 있었다.

문을 열고 들어서자 진한 커피 내음이 먼저 인사를 했다. 그리고 맨 먼저 눈에 들어온 것은 홀 중앙에서 혼곤히 잠에 빠져 있는 비글beagle 한 마리였다. 그것도 으레 있을 법하게 의자나 탁자 밑에서 주인이나 손님의 눈치를 보며 잠을 자고 있는 것이 아니었다. '이 카페의 주인은 바로 이 몸이올시다. 잠을 방해하지 마시오!'라는 듯이, 보기에도 푹신해 보이는 제 침대 속 얼룩

무늬 담요 위에서였다. '응?' 하는 심정으로 자연히 실내를 다시 둘러보게 되었다. 내 개념 속에 자리 잡은 커피숍이라는 인상보다는 작은 바bar의 모습이었다. 영화 속의 잘생긴 배우가 혼자서 문을 턱 밀고 들어와 의자에 가볍게 걸터앉으며 카운터 너머로 "늘 하던 것, 한 잔!" 하며 멋들어진 폼을 잡던 외국영화에서 흔히 보던, 그런 장면을 연상시키는 구조였다. 카운터 앞쪽으로 일인용 의자 네댓 개가 나란히 있고, 그 너머에 카운터와 나란히 커피 끓이는 기계와 찬장, 수도꼭지와 개수대, 찻잔 등이 있었다. 그 앞에 아주 자그마한 여자가 서 있었다. 그녀의 등 뒤 안쪽으로 덩치가 커다란 구릿빛 커피 볶는 기계가 면적의 거의 반을 차지하고 있는 허름한 공간이 보이고, 그 언저리에서 키 작은 노인 한 분이 느릿느릿 무슨 일인가를 하고 있는 게 보였다. 왜인지, 순간적으로 난 그들이 부녀간이라고 단정지었다. 느낌이 영락없이 그랬다. 나머지 가게 안에는 한쪽에 마주 앉는 이인용의 네모난 탁자가 두 개 있었고 커피 볶는 기계가 놓인 쪽으로 원탁 테이블이 하나 있었다. 가게는 카운터 좌석을 포함해 열 두어 명이 앉으면 꽉 들어차는 넓이였다. 탁자도 작았고 의자도 주인여자도, 공간도 아주 작았다.

카운터 앞 의자에 앉아 커피 한잔을 주문하고 다시금 찬찬히 실내를 둘러보다가 나는 다시 한 번 '응?'하는 심정이 되었다. 출입문이 정면으로 바라다 보이는 벽에 커다란 비글 사진이 걸려 있었다. 고급스러운 안락의자에 떡하니 혼자 정좌를 하고 앉아 나와 눈을 똑바로 마주치고 있는 고급 액자 속의 비글이었다. 이건 분명 대저택의 거실 중앙에 위엄 있게 걸려있는 훌륭한 주인의 사진이었다. 말을 하지 않아도 '내가 이 집 주인이라오'라는 말을 하고 있는 그런 사진이다. 시선이 자연스럽게 홀 중앙, 제 침대 위에서 잠을 자고 있던 비글로 옮겨가게 되었다. 언제 깨었는지, 그 놈은 내 존재같은 건 전혀 아랑곳하지 않고, 담요를 이리저리 뭉쳤다 풀었다하는 일에 열중해 있었다. 여간해서 그 일은 끝이 나지 않았다. 참지 못하고 내가, "재가 뭘 하는 거예요?"하고 주인여자에게 물었더니, "지 잠자리를 만드는 중이에요"라는 대답이었다. 비글의 잠자리 만들기는 그러고도 한동안을 더 계속되다가 겨우 끝이 났다. 그리고 그는 잠자리에 머리를 박고 다시 편안한 듯 잠이 들었다. 주위에 눈길 한 번 주지 않았다. 그놈 눈에 나는 완전히 있어도 없는 사람이었다.

그제서야 나는 커피 한 모금을 넘겼다. 그러자 문득, 지금 이 공간 안에는 비글도 여주인도, 저 작은 노인도 그리고 손님인 나도 모두 같은 선 위에 있다는 생각이 들었다. 우린 같은 인간이거나 아니면 같은 동물로서 평등하게 섞여 살고 있는 나라에 와 있는 느낌이었다.

그때 찻집의 문이 열리고 허름한 차림의 남자 하나가 들어왔다. 같은 마을 사람인 듯, 친숙한 몸짓으로 카운터 의자에 걸터앉으며 영화 속 주인공이 카운터 너머로 위스키 한 잔을 주문하듯, 차 한 잔을 주문했다. 그리고 찻잔을 앞에 놓고 주인과 작은 목소리로 이야기를 하기 시작했다. 우리가 만들어 놓은 공간 속에 그도 아무렇지도 않게 섞여 형체도 없이 녹아들었다. 특별한 색깔도 없는 안온함 속으로.

지난 달 초, 일본 큐슈의 시골 유후인由布院이라는 곳에 딸과 함께 여행을 갔었다. 후쿠오카 비행장에서 시골행 버스를 타고 두어 시간을 달렸다. 깊은 골짜기를 저 아래로 내려다보며 버스는 구불구불 올라갔다. 기다리는 이가 아무도 없는데도 버스는 정거장 마다 어김없이 멈추어 서서 문을 열었다가 닫으며, 또 그때마다 꼬박꼬박 출발한다는 방송을 했다. 벼랑 같은 산길을 느릿느릿 돌고 또 돌았다. 기실, 유후인이라는 곳은 특별히 볼 것이 있는 곳이 아니다. 느릿느릿 산책삼아 걸어도 반나절이면 시내 한 바퀴를 다 돌 수 있는 아주 작고 조용한 고장이다. 일본 시골에서 며칠이라도 지내고 싶어 노래를 부르던 차에, 이곳에는 작은 여관도 대부분 집에 노천온천을 가지고 있다는 말을 듣고 두말 할 것도 없이 딸을 꼬드겨 가방을 꾸렸다.

그리고 도착한 이튿날 아침 산책길에서 우리는 비글 한 마리를 만났다. 자그마한 여자가 동행을 하고 있었다. 앞서 가던 그 놈이 골목 안 나무 밑으로 가더니 뭔가 수상쩍은 포즈를 하자, 여자는 재빨리 들고 있던 비닐봉지가 매달린 막대기를 녀석의 엉덩이에 갖다 대었다.

"재는 신경이 아주 무딘가보다, 저렇게 하고도 볼 일을 볼 수 있으니."

우린 완전히 그를 사람에게 대입해놓고 마주 웃었다. 그런데 그 녀석이 〈카페 봉 보아야쥬Café Bon Voyage〉 중앙 벽의 화려한 사진틀 속에서 잘난체하는 표정으로 앉아 있었던 것이다. 어쩐지 그가 검은 정장에 나비넥타이를 하고 있었던 것 같기도 하다. 내가 미처 깨닫기도 전에 우린 모두 이미 같은 세상에서 살고 있었던 셈이다.

'봉 보아야쥬' 말 그대로 즐거운 여행이었다.

(2008. 4)

이가 없으면 잇몸으로 산다?

한동안 보지 못했던 정희씨를 스포츠센터 1층 엘리베이터 앞에서 만났다. 오랜만이라 했더니만 늘 활기가 넘치는 그녀답게 큰 소리로 웃으며 유쾌하게 받는다.

“실업자가 과로사 한다잖아요. 이 일 저 일 왜 그렇게 일이 많은가 몰라요.”

그녀는 얼마 전에 아래층에서 운영하던 작은 식당을 거두고 지금은 잠시 손을 놓고 있는 상태였다. 현재 하고 있는 일이 아무 것도 없다는 것은 보호막이 없는 상태에 덩그러니 놓인 것이라고 나는 이해했다. 여기저기서 필요하다고 건네오는 눈길을 못 본 척 할 수가 없었을 것이다. 상대방이 기대를 하며 바라보는 것은 물론이요, 본인 자신도 그런 것에서 정신적으로 결코 자유롭지 못하니 자연히 많은 일들을 자기 앞으로, 반드시 해야 할 일로 끌어안게 되었을 것이다. 그러다 보니 점점 일들이 늘어나고, 방어막이 없어졌으니 몸을 가릴 곳이 없었을 것이다.

생각해 보면 나는 늘 신경질적일 정도로 이 방어막, 보호막이 필요하다고 생각하며 산 것 같은 느낌이 문득 들었다. 읽던 책이 마지막 장에 접어들면 그 다음에 읽을 책을 골라 옆에 놓아야 안심이 되었다. 차를 주차해 놓을 때는 될 수 있는 대로 우선 세우기 좋은 곳보다 나가기 쉬운 곳을 찾아 세운다. 15여년 즐기던 골프를 그만 둘 때는 나 스스로를 납득시킬 수 있는 이유를 찾느라 6개월 이상이나 방황하다가 일본어 번역을 해보겠다는 가는 끈 하나를 겨우 붙잡고 나서야 골프가방을 창고 안에 집어넣었다. 매사 도망갈 구석을 먼저 찾아 놓아야 직성이 풀렸다. 많은 일에 또 하나의 나를 위해 둘러댈 수 있는 핑계거리를 만들어 놓으려 애썼다. 지금 와서 생각하니, 내가 진실로 무서워 한 것이 과연 무엇이었을까 하는 생각이 든다. 조잔함인가, 비겁함인가, 아니면 누구나 가장 쉽게 둘러대는 핑계거리인 바로 성격 탓일까? 여하튼 그림자에도 나타나지 않는 또 하나의 내가 평생 동안 나를 따라다니며, 늘 내 등을 쿡쿡 찔렀던 것은 사실이다. 난 무엇으로부터 나 자신을 그렇게 보호하고 방어하고 싶었던 것일까.

그런데 요즈음 슬슬 피곤하다. 나를 채근하며 혹은 한 발 앞서가며 날 영원한 '도망자'로 만드는 것에서 벗어나고 싶다고 때때로 느낀다. 그래서 의식적으로 애를 쓴다. 책의 마지막 장을 넘기고도 나는 예전처럼 불안해하지 않으려 한다. TV 채널을 이리저리 돌리며 '놀자!'하는 심정으로 빈둥거린다. 세울 곳이 눈에 띄면 우선 차를 세워 놓고 나중에 어떻게 되겠지, 하고 뒤도 돌아보지 않으려 한다. 뭐, 어떻게 되겠지, 이가 없으며 잇몸으로 살지 뭐, 한다. 이런 대목에서 나이를 들먹이는 것은 눈을 흘기도록 싫어하면서도 나 또한 슬며시 거기에 기대려고 하고 있다.

어제 오후부터 몸이 심상찮더니, 밤새 기침 때문에 잠이 편치 못했다. 급기야 새벽녘에는 침대에 누워있는 대도 불구하고 콧물이 줄줄 나왔다. 책상 위에 놓인 티슈를 가지러 일어나기도 귀찮아 침대 속에서 뭉그적거리고 있는데, 마침 남편이 아침신문을 집어 들고 방으로 들어왔다.

"저 책상 위에 있는 티슈 좀 집어주세요." 눈을 감은 채 입술만 까닥까닥했다.

"바로 이때 내가 방에 들어오지 않았으면 어떻게 하려고 했누?"

누가 '경상도 사나이' 아니랄까봐, 남편의 어투에 금세 고깝다는 투가 둥지를 틀었다.

"이가 없으면 잇몸으로 살려고 했지요."

내가 생각해도 놀랄 정도로, 나도 모르게 즉각적으로 튀어나온 말이었다. 그런데 놀란 건 나뿐이 아닌 모양이었다. 기가 차다는 듯 웃으며 느릿느릿 티슈통을 건네면서 남편이 내 말에 한 술을 더 떴다.

"이가 없으면 임플란트라도 해 넣어야지, 요즘 세상에 왜 잇몸으로 살아?"

(2008. 4)

인간의 품격

참새가 방앗간을 그냥 지나갈 수가 있는가, 큐슈의 유후인由布院에서 돌아온 날, 서점을 찾아 후쿠오카의 밤거리로 나갔다.

좋아하는 작가들 이름이 붙어 있는 선반 앞으로 다가가서 선반에 꽂혀 있는 책들의 제목을 훑어가며 혹시라도 그동안 빠트리고 읽지 않은 흥미로운 것이 없나 싶어 찬찬히 살폈다. 그런데 한 코너를 돌아가려는데 중간 지점에 놓인 신간서적 판매대 위에 엄청나게 쌓인 하나의 책이 눈길을 잡았다. 아니 책이 눈길을 잡았다고 하기보다 그 제목이 나를 끌어당겼다는 표현이 옳을 것이다. 〈여성의 품격〉이었다. 거기엔 '베스트셀러'라는 딱지도 붙어 있었다.

'품격', 그것도 '여성의 품격'이라는 것을 이렇게 큰 소리로 말할 수 있는 사람은 도대체 어떤 사람일까, 나는 그것이 먼저 궁금했다. 이런 제목의 책이 많이 팔리고 있다는 것도 충격이라면 충격이었다. 저자는 부드러운 표정의 반도 마리코坂東眞理子라는 여성이었다. 그 앞에 서서 몇 장을 넘겨보다가, 첫 몇 줄에서 그야말로 필feel이 꽂혀, 더 볼 것도 없이 집어 들고 돌아왔다.

"인간의 품격이란 신이나 부처님 등 인간을 초월한 존재 something great 의 눈으로 보았을 때 부끄럽지 않다고 단언할 수 있는 행동을 하는 것이 기본이 된다."

'초월한 존재의 눈으로 보았을 때 부끄럽지 않은 행동', 말로는 쉽게 할 수 있는 이야기일 수도 있지만, 행동으로는 그렇게 쉽게 할 수 있는 게 아닐 터인데, 도대체 어떤 이야기를 풀어놓았을까 궁금하기 짝이 없었다. 대략 파악한 그의 요지는 다음과 같았다.

부정적인 말을 하지 않으며 거친 말을 쓰지 말자, 유행에 쉽게 뛰어들지 않으며 늘 자세를 똑바로 바르게 하자. 몸에 군살이 붙지 않도록 신경을 쓰며 늘 긴장하며 살자. 길거리에서 공짜로 나누어 준다고, 필요하지도 않으면서 무조건 손을 내밀어 받지 않도록 하자. 인기가 있는 사람 옆에 찰싹 붙지 말자. 이해관계가 없는 사람에게도 늘 정중히 대하도록 노력하자. 끼리끼리만 무리를 짓는 일은 자칫 천해 보일 수 있으므로 삼가며, 성이 나는 것을 얼굴에 금방 나타내지 말자. 가족에 대한 것은 물론 친구나 지인에 관한 푸념이나 좋지 않은 말을 하지 않도록 하자. 자기 자신의 수위水位를 높게 설정하고 나이에 편승된 태만함을 지니지 않도록 하자. 약속시간에 조금 늦어도 아무렇지도 않게 생각하지 않도록 하자. 남의 프라이버시를 파고들어 천착하길 즐기지 말도록 하자. 언제 어디서나 인간으로서의 기본적인 룰을 지키려고 애쓰자.

그런데 참으로 이상했다.

페이지를 한 장 한 장 넘겨가며 20년 전에 돌아가신 어머니의 얼굴이 자꾸 떠올랐다. 어머니가 구술하신 것을 마리코라는 여성이 받아 적어 놓은 것 같다는 생각이 들었다. 어머니가 내게 보여 주신 인생 교과서에 이렇다 할 첨삭도 하지 않고 저자가 책을 쓴 것 같다는 생각도 들었다.

어머니는 여전히 개정되지 않은 내 교과서이다. 그런데 어찌된 셈인지 요즈음 들어 어머니는 자꾸만 내게서 뒷걸음을 치고 계신다.

충북 청원군 오창면 선산에 묻혀계시는 내 어머니!

그런데 올해 안으로 이장을 하라는 통지가 군수 이름으로 날아왔다. 산업공단으로 개발될 예정이라고 했다.

이제 얼마나 더, 어머니는 내게서 멀어지시는 걸까?

(2008. 4)

입이 서울

사람들이 말을 만들어내는 재주는 참말로 비상하다.

스포츠센터에서 옷장의 키를 돌리는데 건너편 통로에서 나누는 이야기소리가 들려왔다. 누군지 얼굴은 보이지 않았지만 이 구석 저 구석에서 들려오는 일상의 그저 그런 이야기였다.

한 사람이 낮에 남대문 재래시장에 갔다가 싸고 괜찮은 옷을 하나 사온 이야기를 하고 있었다. 들으려고 해서 들리는 소리는 아니었지만 듣는 도중에 나도 모르게 어? 하는 기분이 들어 귀를 쫑긋하게 되었다.

“난 어디가 어딘 줄 몰라서 남대문 시장엘 한번 가고 싶어도 갈 엄두도 내지 못한다우.”

“누군 알아서 가남요? 입이 서울이지요.”

“입이 서울이라니요?”

“입 두었다 뭐 해요? 물어물어 가는 게지요.”

흔히 눈이 보배라는 말은 자주 들어 왔다. 특히 낯선 여행지의 시장 바닥 같은 데서 싸고 귀한 물건을 발견하고 사들고 와서 좋아하며 자랑스럽게 으스대며 이 말을 하곤 한다. 공감이 가는 말이라서 나도 기회가 되면 한번 으쓱하고 써먹어 보고 싶은 말이었는데 내 눈이나 행동이 워낙 굼뜨다보니 한 번도 써먹을 기회가 없던 말이다. 그런데 이제, 입이 서울이란다. 맞는 말이다.

나는 입이 런던이라면 좋겠다. 프로방스라면 더 좋겠고, 모스코바, 울란바토르라도 좋겠다.

얼마 전 테니스 친구 하나가 어디서 퍼왔는지 'Husband Store'라는 글을 이메일로 보내주었다. 1층에서 7층까지의 store 안에 각기 다른 남자들이 있어, 한 층씩 올라가며 직접 보고 선택할 수 있다는 재미있는 글이었다. 글을 따라 한 층씩 층계를 올라가면서 내용을 차근차근 들여다보았다. 상상 속에서 대리 만족 비슷한 느낌을 가져보다가, 읽은 값을 하는 셈치고 한줄 메일을 그에게 보냈다.

"다시 태어나 그런 행운이 내게 찾아온다면 그때는 반드시 참고 하겠습니다."

참말이지, 다시 태어날 수 있다면 난 하고 싶은 게 너무 많다. 그 중에서도 특히 여러 나라 말로 입을 열 수 있는 사람이면 정말 좋겠다. 그렇게 되면 자연히 입이 서울, 입이 전 세계가 되지 않겠는가.

(2008. 4)

나는 아직도 여자이고 싶다

“요즈음 꼴뚜기가 제철이잖아? 팔팔 뛰는 조막동이만한 놈들을 끓는 물에 머리부터 집어넣어 살짝 데쳐내어 초고추장에 찍어먹으면 그 맛이 그만이야.”

“슴슴하게 된장을 푼 국에 모시조개를 여남은 개 넣고 어린 쑥을 살짝 넣으면 그 맛은 또 어떻고? 절대로 마늘은 넣어선 안 돼. 쑥의 그 여릿한 향이 없어진다니까.”

커피숍에 앉아 친구를 기다리고 있는데, 뒤 테이블에서 들려오는 이야기 소리가 내 귀를 잡아 당겼다. 그리고 그것은 곧바로 묵은 김치를 숭숭 썰어 멸치를 넣고 들들 볶아서 상에 올린 어제 저녁 볼 품 없는 내 식탁을 떠올리게 만들었다.

이래선 안 되지 안 되지 하고, 생각은 하면서도 멈추지 못하고 계속하게 되는 일이 점점 많아진다. 다리가 아프기 때문이라고, 엊저녁 잠을 못 잤기 때문이라고, 감기몸살 기운이 있어서라고, 나이 때문이라고, 있는 핑계 없는 핑계 다 갖다 둘러대며 망가져 무너져 내리는 내 자신을 뻔히 바라보면서도 그저 방치하고 있는 꼴이다. 한 달 전, TV화면으로 숭례문이 타고 있는 것을 속수무책으로 바라보기만 했던 느낌과 비슷한, 그 오금 저리던 절망감은 어느덧 일상 속의 내 단골 메뉴가 된 셈이다. 조금 더 있으면, 자신이 허물어지고 있다는 사실조차 느끼지도 못할 것만 같아, 그 참담함에 조바심이 바짝바짝 인다.

아침에 눈을 뜨면 먼저 말끔히 화장을 한 후에야 부엌으로 들어가야 했었다. 아무리 이른 아침이라도 그렇게 하지 않으면 마음이 불안했다. 외출할 일이 있건 없건, 그런 것은 상관이 없었다. 피부가 쉬는 날도 있어야 된다는 말도 내 귀엔 쇠귀에 경 읽기였다. 집에서 입던 차림으로는 슈퍼마켓은 물론 쓰레기를 버리러 가지도 못했다. 직접 몇날 며칠을 걸려 읽거나 내 눈으로 직접 보지 않은 것은 남 앞에서 입도 뻥긋 하지 못했다. 자신의 단점이 먼저 머리에 떠올라, 남이나 사물을 비판하거나 비평하는 데 여간해서 입을 열어 거들지 못했다.

어머니가 평생 하지 않으시던 일, 자식에게 큰소리로 화를 낸다거나 상처를 줄만한 말 같은 것은 나도 기를 쓰고 하지 않으려 했었다. 어머니가 하시던 것처럼, 사오는 것 대신 집에서 많은 것을 직접 만들려 했고, 남편 앞에서 다소곳하고 세상의 모든 일 앞에서 늘 겸손하게 행동하려 애썼다. 그러나 이제, 많은 일들이 과거형이 되어버렸다.

아직도 나는 과거형이 아닌 현재진행형이고 싶다.

(2008. 4)

길들이기

개와 고양이를 구별도 하지 못했다고 지금도 걸핏하면 아이가 나를 놀린다.

"이상하게 생긴 개도 많고, 고양이 같이 생기지 않은 고양이가 많으니까 그렇지."

억지를 부리기는 하지만 사실 그건 맞는 말이다.

친구 집에 갔다가 그 집 강아지가 앙살 맞게 짖으며 달려 나오면, 난 그 강아지는 물론이요 그놈을 귀여워하는 친구도 미웠다. 길을 가다가도 개나 고양이가 어슬렁거리고 있으면 멀찌감치 돌아서 갔다. 그렇게 싫어하다 보니 싫어하는 것으로 끝나지 않고, 나는 그만큼 동물에 대해서 무지한 사람이 되었다.

누구를 닮았는지 유난히 동물을 좋아하는 아이가 어렸을 때는 동물을 키우겠다고 떼를 써서 실랑이를 많이 했다. 강아지를 키우게 해 달라고 조르는 아이에게 몇 년 동안이나 이 구실 저 구실을 갖다 대며 들은 척을 하지 않았다. 그런데 아이가 초등학교 3학년이 된 어느 날, 아이가 저토록 원하는 것을 무턱대고 막을 권리가 내게 있는 것인가 하는 생각이 문득 들었다. 큰 인심이라도 쓰듯 나는 아이를 앞세우고 충무로 대한극장 옆에 즐비하게 늘어서 있는 애완동물 가게로 갔다. 가긴 했지만, 우리 안에서 꼬물꼬물 대고 있는 그놈들에게 막상 난 가까이 가지를 못했다. 아이 등 뒤에서 숨듯이 하고 반 시간여를 따라 다녔다. 그러나 손으로 만져보기는커녕 옆에 다가오는 것도 참을 수 없어 어머나! 하고 저만치 뒷걸음질을 치게 되었다. 한 시간 남짓 끝에 결국 나는 거부의 손사래를 치고 말았다. 아이는 눈물을 뚝뚝 흘리고 남편은 불같이 화를 내었다. 그래도 난 굳세게 고집을 꺾지 않았다.

그 후로, 아이는 더 이상 조르지 않았다. 그러나 어미 된 마음에 가슴 언저리에는 늘 안쓰러운 생각이 자리를 하고 있었다. 기회가 있을 때 마다 무슨 큰 선심이라도 쓰듯 동물원에 데리고 가서 작은 동물들을 마음껏 만질 수 있도록 하면서, 난 그것으로 아이에게 진 빚을 조금이라도 갚으려 했다. 그렇게 세월이 흘렀다. 그리고 대학을 졸업한 아이가 공부를 하러 멀리 떠났다가, 3년 만에 집으로 돌아온 어느 날이었다.

“태어난 지 3개월 된 새끼 고양이를 키울 사람이 없어 후배 하나가 애를 태우고 있는데 입양해 오면 안 될까요?”

이제는 다 큰 아이가 조심스럽게 내게 다시 이야기를 꺼내는 것이었다. 내 나이 탓이었는지, 이십여 년이나 삭히고 묵힌 아이의 마음 속 바람을 뿌리칠 용기가 이미 내게는 없었다. 라식 수술을 받고 눈에 안대를 댄 채 집에 누워있는 아이를 대신하여 남편과 내가 고양이를 맞이하러 갔다. 여전히 동물을 만지지도 못하는 내가 운전을 하겠다고 자청했다. 남편이 케이지 안에 들어 있는 작은 고양이를 받아 들었다. 자동차에 태우자 놈은 내 혼이 달아날 정도로 막무가내로 울어 제키며 케이지 안에서 버둥대었다. 어떻게 왔는지도 모르는 채 집에 도착했다. 그렇게 그 놈은 우리 가족이 되었다. 그리고 이제 6년이 넘어 흘렀다.

어제 오후, 외출에서 막 돌아와 현관에 들어서는데 놈이 내 발 앞에 훌라당 드러누워 빤히 나를 쳐다보며 '야옹'하는 것이었다. 먼저 쓰다듬어 주고 들어오라는 명령이다. 놈의 채근에 못 이겨 외출복도 벗지 못한 채 머리를 쓰다듬자 놈은 한동안 가르랑 가르랑 하며 눈을 게슴츠레 감고 있었다. 그리고 한참만에야 이제 됐다는 듯 일어서더니 솜방망이 같은 발로 내 정강이를 툭툭 치며 따라다녔다.

그런데 옷을 벗다가 나는 문득 생각나는 것이 있었다. 이놈이 내게 엄청난 짓을 하고 있구나 하는 자각이었다. 돌아서면 금세 잊어버릴 만큼의 짧은 순간이긴 하지만, 이놈을 쓰다듬어 줄 때마다 잠시일지언정 매번 가슴께에 웃음기를 머금은 봄볕 같은 바람이 살랑살랑 나를 훑고 지나가는 것을 느끼게 되었다는 기억이다. 짧은 순간이기는 하지만 그 웃음기가 내 혈관 속에 끼어 있는 찌든 찌꺼기를 조금씩 훑어 지나간다는 느낌이었다.

이제는 뒷산을 오르다가도, 또는 길을 가다가도 꼬리를 팔랑팔랑 흔들며 주인을 따라 가는 강아지를 보면 그냥 지나치지를 못한다. 말을 한 마디라도 붙여야만 직성이 풀리고, 저만치 피해 돌아가기는커녕 가까이 다가가 일부러 길을 막고 서 있다가 만져도 보고 싶어 한다. 담장 밑으로 꾀죄죄한 고양이 한 마리가 어슬렁어슬렁 지나가는 것이 보이면 걸음을 멈추고, 야! 임마, 어디 가니? 라는 말이라도 해야 한다. 거들떠도 보지 않고 놀라지도 않고 냉정하게, 그저 제가 가던 길을 어슬렁 어슬렁 가고 있는 그놈들에게 매번 무시를 당해도, 그러거나 말거나 그 때마다 다시금 미소가 가슴 속을 한바탕 휘돌아 지나간다.

이것이 착각인지, 핑계인지 모르겠다. 여하튼 조그만 고양이 한 마리가 날 길들이고 있는 것만은 분명하다.

(2008. 4)

어린이날 유감

어젯밤 늦게 느닷없는 비가 한차례 지나가더니 아침 하늘이 더없이 맑다. 불곡산 산마루 쪽으로 난 유리창 가득히 내어다 보이는 키 큰 나무들은 물론, 땅에 나지막이 엎드린 풀포기들까지 손을 대면 뽀드득 뽀드득 소리가 날 것 같다.

"오늘은 어린이 나알 우우-리 드을 세에-상."

어린이들의 노랫소리가 어디선가 희미하게 들려왔다. 아마도 경비실의 라디오일 것이다. 순간, 아이들의 목청만큼이나 깨끗한 날씨가 다행스럽게 생각되었다.

가까운 주위에 어린이라 불릴만한 아이가 없어 꽃핀이라도 하나 사러갈 필요도 없고 어떤 장난감을 살까 고민하며 백화점을 기웃거릴 핑계거리도 없어졌지만, '어린이 날'하면 먼저 떠오르는 것이 있다.

아이가 다섯 살, 아니 여섯 살이었을 것이다.

손꼽아 어린이날을 기다리던 아이를 데리고 민속촌엘 갔었다. 용산구의 동부이촌동에 살 때이므로 상당히 먼 길이었다. 함께 살던 미혼의 막내 시동생도 기꺼이 조카의 손을 잡고 집을 나섰다. 왜 하필이면 민속촌이었는지 그 이유는 잘 모르겠다. 지금 생각하면 남편과 시동생, 이 두 남자의 저의가 의심스럽기도 하다.

여하튼 민속촌 내를 돌아다니다가 자연스럽게 발길이 저잣거리로 들어섰다. 적당히 피곤하고 또 알맞게 시장도 했다. 그러나 화근은 주막 앞에 커다랗게 써 붙여 놓은 종이 한 장이었다. 막걸리와 안동소주라는 글자들이 때마침 불어오는 바람에 춤을 추고 있었다. 형제간에 주거니 받거니 한 잔이 두 잔이 되고, 석 잔이 되었다. 차츰 웃음소리가 커지면서 다시 넉 잔이 되고 다섯 잔이 되었다. 그러다가 결국 형제는 누가 먼저랄 것도 없이 멍석 위에서 큰 대자가 되어 세상모르게 잠이 들었다. 그리고는 여간해서 깨어나지 않았다. 부글부글하며 부어터진 내 마음과 치밀어 오르는 부아를 아는지 모르는지, 아이는 돌아 앉아 평화롭게 흙을 만지며 놀고 있었다.

늦게 집으로 돌아와 뉴스를 보기 위해 무심히 TV를 켰다.

"오늘은 어린이 날입니다. 그런데 여러분 가운데 혹시 이런 분은 안 계십니까?"

앵커의 첫마디와 함께 화면은 어린이 공원에서 술에 곯아 떨어져 잠이 든 어른들 옆에서 아이들이 저희들끼리 놀고 있는 광경을 비추고 있었다.

"여기 있어요, 여기요."

선생님 앞에서 "저요! 저요!" 하며 손을 들듯, 신이 나서 나는 팔을 번쩍 들며 남편을 향해 있는 대로 눈을 흘겨주었다.

벌써 30년 전 쯤의 이야기가 되나보다.

그 후, 해마다 어린이날이 되면 이 이야기는 고정 레퍼토리가 된다. 나는 이날만큼은 마음 놓고 다시 한 번 남편을 향해 눈을 있는 대로 흘긴다. 그러고 보니 세월이 많이도 흘렀다. 그 막내 시동생 머리에도 서리가 내려앉았다.

(2008. 5)

옛글 읽기

거창하게 ≪옛글 읽기≫라는 제목을 달았지만, 정확히 말해서는 옛 사람의 글 혹은 나온 지 오래된 글을 읽는다는 뜻이 맞을 것이다.

점점 베스트셀러라는 것에 관심이 없어지고 있다. 몇 해 전까지만 해도 베스트셀러를 읽지 않으면, 나 혼자만 이 세상의 흐름에서 뒤쳐지는 것 같다는 생각이 들어 내 기호에 맞지 않아도 의무감 비슷한 것을 느껴 구해서 읽곤 하였다. 그뿐이 아니라 젊은 작가가 쓴 글도 읽으려고 노력을 했다. 그런데 젊은 사람들의 생각이나 호흡도 알아야 한다고 굳게 믿고 있었던 것도 옛날의 일이 되어 버렸다. 무심코 손에 들고 읽다가 보면 늘 나이 지긋한 사람의 책이다.

최근에 나를 붙잡은 것은 일본 작가 미즈카미 쓰도무水上勉(1919~2004) 이다. 그의 ≪싸락눈霰≫이라는 소설을 읽고, 오랫동안 그 장면, 장면들이 머릿속에 떠올라 맴돌고 있다. 주인공인 도미키치와 링의 삶과 인생을 실제로 가까이에서 본 듯 그들이 자꾸만 눈에 밟혔다. 내친 김에 그의 다른 책을 몇 권 더 구해 받아 든 날은 더 없이 행복하기까지 했다. 짓이 난 김에, 다른 옛날 작가들의 책도 더 읽어야겠다는 욕심이 생겨 주문을 했다. 그리곤 배달되어 온 책들을 책상 위에 쌓아두고 바라보기만 해도 곳간이 가득 찬 듯 흐뭇하다.

입 밖에 내어 말을 하는 것은 아직 스스로에게조차 부끄러운 일이지만, 한문 고전을 읽는 곳의 문을 열고 들어간 것이 2년이 넘었다. 애초에 긴 여정이 될 것이라고 생각했기 때문에, 검은 것은 글자요 흰 것은 종이라는 순간이 찾아올 적마다, 절망하거나 기죽지 말자고 자신을 토닥거리며 조급해 하거나 안달하지 않으려 무척 애를 쓰고 있다. 그러고 보면, 한문이라는 것에 난 늘 갈증을 느껴왔던 것 같기도 하다. 이번에 한문고전 공부를 시작하려고 집에 있는 책을 들추어보다가 깜짝 놀랐다. ≪맹자집주≫를 펼쳤더니 이 페이지 저 페이지에 연필로 메모를 해 놓은 것들이 많이 눈에 띄었다. 내가 헌 책을 샀었나 하는 생각까지 들었을 정도였다. 그런데 자세히 들여다보았더니 틀림없이 내 글씨였다. 한심한 이야기이지만 이렇게 까맣게 잊는 수도 있는 모양이다. 기가 막혀 말도 하지 못하고 입을 벌린 채, 외계인을 보듯 나를 빤히 바라보던 남편의 표정을 잊을 수 없다. 적어 놓은 날짜를 보니 20년도 더 전의 일이었다. 그제야 하나하나 희미하게 생각이 났다. 그때 계속했더라면, 하는 아쉬움이 일었다. 모든 것은 이렇게 후회의 연속인 모양이다. 그러나 이미 까마득히 지나온 길, 발을 동동거린다고 해서 되돌아갈 수 있는 것도 아니다. 어제는 어제이고 오늘은 오늘이다.

마음의 위안을 삼으려, 어제 읽었던 글귀 하나를 적는다. 오랫동안 많은 것을 생각하게 하는 구절이었다.

"선악을 말할 때에 먼저 선을 다 말한 뒤에 악을 말하고, 길흉을 말할 때에 먼저 길한 것을 다 말하고 흉을 말하며, 옳고 그름을 말할 때에 먼저 옳은 것을 말하고 그른 것을 뒤에 말한다." (言善惡 皆先善而後惡 言吉凶 皆先吉而後凶 言是非 皆先是而後非) – 孟子 〈滕文公章句〉 –

당분간 고전을 읽는 것에 우선순위를 두어야겠다는 생각을 한다. 품위 있는 삶이라는 것에 자꾸 시선이 머무는 나날이다.

(2008. 5)

부처님 오신 날

수런수런 하는 소리와 함께 작은 북소리가 동동 들려오기에 달려가 커튼을 젖혀보았다. 연등행렬이 막 대광사로 들어가고 있는 중이었다. 불을 반짝이며 커다란 코끼리 상과 아기부처님 상, 목어, 연꽃과 커다란 탑 모양의 장식들이 느릿느릿 지나가고 있었다. 해마다 행렬이 조금씩 더 길어지고 장식으로 매단 전구의 불빛도 더욱 화려해져가고 있는 것 같다. 그만큼 부처님 앞에 합장하며 무릎을 꿇는 사람들이 늘고 있다는 증거일 것이다. 십자가 앞에서도 부처님 앞에서도 마음속 저 깊은 곳에서 우러나오는 울림소리를 듣지 못한 채로 살고 있는 내 자신이 민망해지고 쓸쓸해지는 때이다.

그런데 저 행렬은 절에서 언제 내려갔을까. 집안에 있으면서도 까맣게 모르고 있었다. 올해는 내일도 모레도 비가 오지 않아야 할 텐데 하는 안타까운 마음으로 이미 며칠 째 이어지고 있는 이런저런 행사를 바라보고 있었다. 작년에도 재작년에도 초파일에 비가 내려, 빗속을 지나가는 연등 행렬을 거실에서 바라보며 안타까웠던 심정이 다시 생각난다.

집으로 들어오는 길목에 알록달록한 등이 걸린 것은 벌써 이십여 일이 된 것 같다. 올해는 등이 빨강, 노랑, 파랑, 석 줄로 되어 있어 화려하기가 이를 데 없다. 늦은 밤 집으로 돌아오려 골목을 꺾으면, 사랑하는 사람들 여럿이서 불을 환히 밝히고 날 기다리는 것 같은 착각마저 든다. 당연히 마음이 훈훈해지곤 한다.

우리 집은 천태종의 〈대광사〉라는 절 바로 입구에 있다. 절 밑에 집이 자리를 잡고 있는지라 일부러 보려 해서가 아니더라도, 절에 들고 나는 발걸음을 자주 보게 된다. 빨래를 널러 남쪽 베란다에 나갔다가도 보고, 북쪽을 향해 놓은 책상 앞에 앉아 자판을 두드리다가도 나무들 사이로 보이는 절 마당으로 들고 나는 발걸음들을 본다. 10년 전, 갓 이사를 왔을 때는 절이 생기기 전이라, 보이는 것은 처음부터 끝까지 불곡산의 푸른 자락뿐이었다. 그러던 것이 어느덧 커다란 절이 들어서고, 뒷 창문 밖에는 나무들이 빼곡히 심어져, 그 나무들 사이로 때때로 경을 읽는 소리가 나지막이 새어나오기도 한다.

"절 때문에 시끄럽지 않아요?"

라는 이야기를 자주 듣지만, 평소에도 시끄러운 일이란 거의 없거니와 무슨 이름이 붙은 날이 많을 터인데도 내가 눈치를 채지 못할 정도로 조용히 지나간다.

"느이 엄마는 부처님 가운데 토막이여."

어머니에 대한 원망인지 핀잔인지 아니면 칭찬의 말씀인지, 생전에 아버지는 자주 이 말씀을 하셨다. 천지가 꽁꽁 얼어붙은 추운 겨울밤에도 한 밤중에 아기가 잠이 깨어 보채면 아버지의 잠이 깨실라 아기를 업고 방을 빠져나가 아기가 잠이 든 후에야 다시 살그머니 방으로 들어오셨다는 어머니. 아버지 앞에서 눈 한번 크게 뜨신 적 없고, 여러 형제를 키우면서도 우리에게 쇤소리 한 번 지르신 적이 없는 어머니. 내가 아이를 낳고 누워있던 침대에서 일어나다가 휘청거리자, 서른도 훌쩍 넘긴 딸을 붙잡고 그저 아가야, 아가야 부르시던 어머니. 그리고 지금은 보라색 낡은 원피스 차림으로 영정 속에서 희미하게 웃고 계시는 어머니.

4월 초파일, 부처님 오신 날은 바로 '부처님 가운데 토막'이시던 내 어머니의 생신날이다.

부처님 오신 날은 내게 영원히 어머니의 날이다.

(2008. 5)

기도문

솔직히 말해서 나는 기도 같은 건 할 줄 모른다. 결석 한 번 하지 않고 착실하게 교리공부도 했으며 한복을 곱게 차려입고 세례를 받았고 신부님 모시고 사진도 찍었다. 그러나 기도문을 입 밖으로 내어 큰소리로 읊조린 적이 없다. 옛날 말 그대로 나는 '나일론 신자'이었다. 몇 년 간 성실하지 못한 마음을 싣고 몸만 성당을 드나들었다. 성경 속 기도문을 외우는 순간에도 입만 저 혼자 나불나불 댔다. 결국 난 지금 몇 년 째 냉담 중에 있다. 어디서부터 무엇이 잘못되었는지 아직도 난 모른다. 언젠가는, 언젠가는, 하는 생각만 늘 가지고 있다. 그러나 소리 내어 기도를 하진 못하지만 마음속으로 나는 매일을 기도하며 살고 있다.

"이젠 모든 것이 노인 모드입니다, 그리고 저는 점점 더 노인이 되어 갈 것입니다. 주름살 같은 건 얼마든지 생겨도 좋습니다. 그러나 잊지 않게 해주십시오. 앞으로 나이가 더 들어도 내 육신의 아픔을 남 앞에서 입에 달고 있지 않게 하소서. 내 기억과 다른 사람의 기억이 맞부딪칠 땐 내가 뒤로 한 걸음 물러가게 하소서. 부수수한 모습으로 슈퍼에 가지 않도록 하소서. 지하철 속의 좁은 자리에 남을 밀치고 재빨리 엉덩이를 디밀게 하지 마소서. 뻔뻔해지지 않게 하소서. 어느 순간에도 나 자신을 포기하지 않게 하소서. 품위를 잃지 않는 노인이 되게 하소서."

(2008. 5)

인생에 대한 예의

대형 마트의 주차장에서 백 원짜리 동전 하나를 끼워 넣어야 사용할 수 있는 짐수레. 사용이 끝난 후에는 제자리에 가져다 놓고 제대로 꽂아 놓으면 조금 전에 넣었던 동전이 튀어 나온다. 그 덕에 마트의 주차장은 드나들기가 훨씬 수월해졌다. 여지저기에 편한 대로 아무렇게나 밀어놓아 거치적거리던 짐수레들이 일정한 곳에서 얌전하게 '앞으로 나란히!'를 하고 있게 되니, 자연히 질서 있는 모습이 되었다. 이것이 백 원의 위력인가 하는 생각을 가끔 하곤 한다.

"땅을 열 길 파보아라, 십 원짜리 동전 하나가 나오나."

무엇이든 아까워하지 않고 쓰레기통에 훽훽 넣어버리는 아이들을 바라보며 끌끌 혀를 차시던 어른들 말씀이 들려오는 듯 느끼는 것도 이 순간이다. 사실 나도 짐을 다 싣고 나면 그냥 아무데나 밀어버리고 가버릴까 하는 유혹을 받을 때가 종종 있다. 몹시 피곤하거나, 거기다 비까지 뿌리는 날이면 그런 유혹은 더욱 심하다. 까짓, 백 원이 없다고 내 인생이 달라질 것도 아니고, 뭐 어쩌고 하는 생각이 나를 꼬드긴다. 백 원 하나에 인생을 들먹일 것까지는 없는데도, 이럴 때일수록 말은 거창하게 나가기 십상이다. 그러나 한 번도 그렇게 하지는 못했다. 백 원이 아까워서도 아니고, 공중도덕을 잘 지키는 사람이기를 원해서도 아니다. 난 그저 그 백 원짜리 동전에게 미안했다. 백 원, 그 동전에 대한 예의라고 어렴풋이나마 생각했다.

엘리베이터를 타려고 기다리고 있는데 문이 열리며 안에서 송장관이 나왔다. 얼굴에 평상시보다 활기가 환하게 번져있었다. 모처럼 머리를 짧게 자른 헤어스타일 탓인가 잠시 생각했다.

"오늘은 굉장히 기분이 좋으신 것 같아요, 무언가 좋은 일 있으신가 봐요. 십 년도 더 전에 뵙던 옛날의 그 얼굴이신데요."

이쯤 되면 나도 이제 사교의 고수쯤이 되었나 보다. 나도 모르게 나온 말에 내 안의 또 하나의 내가 혀를 찼다.

"내가 십년 만에 차를 바꿨어요. 지금 막 새 차에 대한 설명을 듣고 올라오는 길이라우. 몇 년 전부터 그 조그만 차가 얼마나 돈이 드는지, 걸핏하면 이십만 원 삼십만 원에 그때마다 가슴은 또 얼마나 철렁대던지. 내 생애 이제 마지막이라 생각하고 큰맘을 먹고 새 차를 산 거지요."

이미 사교의 고수가 되어 있는 내가 그 말을 그냥 무덤덤하게 듣고 있을 리가 없다.

"잘 하셨어요. 차가 한번 고장 나면 신경이 바짝바짝 닳는 거 정말 참기 힘들잖아요. 차가 낡으면 그런 일이 또 잦아지므로 거기서 오는 피로도 만만치 않더라구요."

오랜만에 만난 우리는 엘리베이터 앞에서 자리를 조금 옆으로 옮기면서까지 이야기를 이어갔다. 일시에 목돈이 들어가므로 망설이고 있는 그이에게 옆에서 누군가는 중고차를 사면 어떻겠느냐고 했다고 한다. 출고되지 얼마 되지 않은, 새것 같은 중고차를 잘 찾으면 반절 값으로 살 수 있다는 유혹이었다.

"며칠을 고민하고 또 했어요. 그리고 마침내 난 결론을 내렸어요. 지금 이 나이에 중고차를 사는 건 나 자신에게 대한, 또 앞으로 얼마나 남아 있을지 모르지만 그 남아 있는 내 인생에 대한 예의가 아닌 것 같았어요."

'예의'라는 말이 튀어나오는 순간, 내 머릿속에서 시끄럽게 북적이던 모든 상황은 간단히 끝이 났다. 빙고! 우린 잡고 있던 손에 다시 한 번 힘을 꾹 주어 흔들고 각기 돌아섰다. 그이는 올해 일흔 초반이다.

좁은 엘리베이터 안에서는 보고 싶지 않아도 어쩔 수 없이 다른 사람을 자세히 보게 된다. 평소에는 눈이 나쁘다는 핑계로 남을 쳐다보려고도 하지 않는 것이 습성이 되어 무덤덤하던 것들이 이맛살을 찌푸리게 하는 일이 되어 시야 속으로 들어오는 경우가 잦다. 그 중에서도 가장 내 시선을 허둥대게 만드는 게 흐트러진 자세로 서있는 사람들이다. 한쪽 발에만 힘을 주고 엘리베이터 벽에 기대어 서 있는 사람, 옷을 아무렇게나 걸치고 있는 건 기본이다. 거기에 큰소리로 전화를 하고 있거나 그것도 아니면 빤히 위아래로 사람을 쳐다본다. 내 쪽에서 무안해 진다. 어쩐지 단순히 예의가 없다고 한 마디로 잘라 이야기하는 데는 거부감이 인다. 옷에 대한 예의, 몸에 대한 예의, 도덕이라는 말에 대한 예의, 그러한 많은 것들이 생각나게 하는 순간이다.

백 원짜리 동전에 대한 것이든, 인생에 대한 것이든, 옷이나 몸에 대한 것이든 '예의'라는 말이 소중하게 느껴지는 요즈음 나날이다.

(2008. 5)

손님

"우리 집 화장실이라 생각하면 쉽습니다."

공공건물이나 휴게실 화장실에서 흔히 보는, 무릎을 치게 하는 글귀이다. 쉽고 간단하게 핵심을 잘 잡아 표현했다.

모든 일에서 책임감을 가지고 주인 노릇을 하려할 때와 무책임한 손님으로 머물러 있으려 할 때의 마음가짐은 판이하게 다르며, 그 결과 또한 엄청나게 차이가 난다는 것은 그동안 살아온 세월이 나에게도 가르쳐 준 셈이다. 사람이 지닌 마음의 자세는 억지로 의도하지 않아도 그의 행동에서, 손끝에서, 발끝에서 자연스레 나타나기 마련이다. 그리고 오랜 시간이 흐른 뒤에 돌아다보면 주인의 자세로 쌓은 더미와 손님의 자세로 쌓은 더미의 높이에 현격한 차이가 나게 된다. 같은 스타트 라인에 섰던 육상선수들이 골인 지점이 다가올수록 그의 기량이 따라 떨어진 거리에 차이가 나는 것과 같을 것이다. 이 기량이 바로 책임의식이 아닐까.

내 인생에서 도대체 난 언제까지 손님 노릇을 할 속셈인가 하는 생각이 불만스럽게 고개를 들 때가 종종 있다. 주로 내 것을 내 것으로 와락 힘주어 끌어안지 못하고 어정쩡하게 남의 일 바라보듯 서있는 자신을 느낄 때가 더욱 그러하다. 내 삶이 펼쳐 놓는 멍석 위에서 내가 마땅히 나 자신에 대한 책임의식을 갖고 자신을 스스로 다스리는 주인이 되어야 하는데 예순 살이 넘었건만 아직도 담장 너머로 남의 집 마당을 멀거니 바라보기만 하고 있는 것만 같아 불만스럽기 그지없을 때가 많기 때문이다.

우연한 자리에서 한 번 만났을 뿐인데도 금세 자신의 수첩에 이름을 올리고 이미 친한 사람이 되며, 자신이 잘 알고 있는 사람으로 여기는 사람들이 있다. 이런 이들은 자기 인생에서 자기 자신이 철저하게 주인노릇을 하는 사람들이다. 그런 이들은 실제로 인간관계를 그렇게 쉽게 엮어가고, 많은 사람들과 허물없이 친한 사람이 되어 간다. 어쩌다 한번 인사를 나누었을 뿐인데, 하며 내가 어물어물 뒷걸음치는 사이에 그들은 그렇게 발전해 간다.

나도 남처럼 책을 재미있게 읽고 감동도 느끼고, 그 책을 원작으로 만든 영화를 보러 가기도 한다. 그러나 다른 사람이 그것에 관한 여러 가지 이야기를 하는 동안에도 난 그저 멍하니 있다. 나도 그 영화 보았는데, 그 책은 나도 재미있게 읽었는데,

하며 그들의 말에 고개를 끄덕이는 게 고작이다. 하긴 이건 오래된 내 고질병이다. 지방에서 올라와 대학 입학을 하고 맨 먼저 느낀 벽이 바로 그것이었다. 그런데 그게 이렇게 평생을 간다.

그러면서도 문제는 난 이런 게 나로선 당연하고 옳다고 생각하려 했다. 여유 있고 느긋하다고, 심지어는 점잖다고까지 생각하려 했다. 난 신호등 앞에 거의 다다랐어도 완전히 파란불이 켜지지 않았으면 절대로 뛰어가지 않았다.

그런데 요즘 들어 그런 내가 많이 혼란스럽다. 자동차 문을 급히 닫다가 손가락 하나를 내가 찧었을 때처럼 갑자기 나 자신이 황당하다. 이것은 느긋함도 여유도 쥐뿔도 아니라는 생각이 든다. 단지 자신 스스로에게 책임을 지지 않으려는 나약한 자존심, 생각에 따라선 비겁함을 감춘 일그러진 심보가 내 마음 속 밑바닥에 깔려 있기 때문이 아닐까 하는 생각도 한다. 자신이 주인공이 되어 이끌어 가는 7, 80년의 시간인데, 마음껏 쓰라고 내게 주어진 시간인데, 난 언제까지 나 자신에게 무책임한 손님이 되어 멀거니 바라만 보고 있을 셈인가.

삿갓에 짚신 신고 나무 그늘에 앉아 흘러가는 구름을 바라보는 풍경은 산수화 속에서나 운치가 있는 것이다.

(2008. 5)

진정한 게임

산다는 건, 매순간 순간이 선택의 연속인 듯 하다.

이번 숟갈에 콩나물을 먹을까 무우 장아찌를 한 점 집어 먹을까도 선택해야 하고, 현관에 서서 애매한 하늘을 쳐다보며 우산을 들고 나갈까 그냥 나갈까도 선택해야 한다. 버스로 갈 것인가 지하철로 갈 것인가 차를 가지고 갈 것인가도 선택해야 하며, 운동을 하긴 해야 하는데 오늘은 뒷산을 오를까 탄천을 걸을까도 선택해야 한다. 스커트를 입고 나갈까 바지를 입고 나갈까, ≪공자≫, ≪맹자≫를 배우러 다닐까 집에서 책을 볼까 하는 것도 선택해야 한다. 그뿐이랴. 집을 팔고 이사를 해야 할까, 간다면 어디로 가야 할까, 남들 다 한다는 펀드를 나도 한번 해보아야 할까 하는 것도 선택해야 하고, 목욕탕 수리를 하는데 타일 색깔도 선택해야 한다. 무엇 하나 스스로 선택하지 않는 게 없다. 그런 선택들이 쌓이고 겹쳐 쌓여, 그것이 그 사람의 인생이 되고 그 사람의 삶의 모습이 되는 것일 것이다. 그래서 나이가 들면 얼굴이 바로 그 사람이라고 말하는 것일 것이다.

선택하는 일 가운데에서도 가장 어려운 일이이라고 생각하는 것은 한 사람이 다른 한 사람을 선택하고, 인연이라는 끈으로 평생을 묶게 되는 결혼일 것이다. 어떻게 말하면 가장 위험하고도 힘든 게임이라고도 할 수 있다. 결혼이라는 더 없이 중요한 일을 두고 게임이라는 단어를 써서 괜찮을까 모르겠다. 그러나 숙명이니 운명이니 하는 말도 있지만 아무리 생각해도 이건 역시 선택게임이라는 생각이 든다. 신이라고나 할까, 섭리라고나 할까, 그것은 내가 직접 눈으로 볼 수 없는 대상과의 게임이며, 동시에 그건 나 자신과의 게임, 내 운명이라는 것과의 게임이다. 일 대 일의 단독 게임이다. 기회다 싶어 내가 단독 드리볼을 해갈 때, 상대는 그런 내 발을 걸어 앞으로 고꾸라지게 만들기도 하고, 두 팔을 벌리고 터억하니 골문 앞에 버티고 서 있다가 내가 야심차게 힘껏 걷어찬 공을 보기 좋게 쳐내기도 한다. 안타까움에 발을 동동 구르기도 하고 코방아를 찧고 눈물을 펑펑 쏟기도 하지만, 아무리 그렇게 해보았자 그것이 게임에서 점수가 되는 것은 아니다. 삶이라는 냉혹한 그라운드는 다시 어제처럼, 그제처럼, 아니 조금 전처럼 언제 무슨 일이 있었냐는 듯 여전히 시침 뗀 표정으로 태연하게 게임판을 벌려놓고 있을 뿐이다. 가쁜 숨을 추스를 사이도 없이 그 위에서 나는 다시 계속 뛰어야 한다. '작전 타임' 같은 것, 그런 것은 없다. 게임은 계속된다. '타임아웃' 휘슬이 울리지 않는 한, 나는 여전히 게임 속에 머물러 있는 것이다.

그런데 조금 숨이 가쁘다고, 힘이 든다고 일찌감치 게임을 포기하는 이들이 점점 늘어난다고 한다. 이혼율이 세계 몇 위라는 이야기도 들린다. 안타까운 일이다. 타임아웃 휘슬이 들릴 때까지 끝까지 뛰어야만 그게 진정한 게임이 아닐까 하는 생각이다. 곰팡내 나는 이야기인가.

(2008. 5)

연비

겉은 멀쩡한데도 자동차 나이 십년을 넘으니 해마다 병원행이 잦아졌다. 그러다가 올해로 십이 년째가 되자 멀쩡하게 길을 가다가 그 자리에서 꼼짝 달싹도 하지 않고 주저앉아 버리는 통에 나를 당황하게 만드는 일이 급기야 일어나고 말았다.

분분한 의견들이 며칠을 오간 후에 결국 새로 장만해야겠다는 데로 결론이 났다. 그런데 그 다음 단계에서 남편과 의견이 심하게 엇갈렸다. 가만히 앉아만 있어도 나이는 먹게 되어 있으므로 우린 점점 힘없는 노인이 될 것이다. 그러니까 어느 모로 보나 실용적이고 부담이 없는 것이라야 한다는 것이 내 의견이었고, 그래도 우리 인생에서 마지막으로 선택하는 자동차가 될 터인데 어느 정도 품격이 있는 거라야 한다는 것이 남편의 주장이었다. 물론 남편의 주장에도 납득이 가는 바는 있었지만 나라고 할 말이 없는 것도 아니었다. 우리는 며칠 동안 팽팽히 평행

선을 달렸다. 그런데 내가 어이없으리만치 쉽게 꼬리를 내려버리게 되었다. '연비 조항'에 이르러서이다. 기름 1리터로 달릴 수 있는 거리를 비교해 놓은 숫자에서 난 이것저것 더 따질 것도 없이 무조건 숫자가 큰 쪽에 동그라미를 그려 넣은 것이다. 며칠을 끌던 신경전은 그렇게 간단히 막을 내렸다.

그런데 이상했다. 돌아서는 마음 뒤 끝이 깨끗하지 않았다. 혹시 삶이라는 것에도 시간 당 연비가 무조건 큰 것에만 동그라미를 그리며 살아야 하는 것일까 하는 생각이 들었다. 아니, 나도 모르게 나도 이미 그렇게 살고 있는 것이 아닐까 하는 의심도 들었다. 나는 지금껏 삶이란 살아가는 과정이 중요하다고 굳게 믿고 있었다. 그런데 그런 과정이 전혀 참고가 되지 않고 결과만 숫자로 표시되는 이상한 기계 앞에 현재 내가 서 있는 듯한 느낌이기도 했다.

나는 때때로 '누군들 제 인생이 제 마음에 들겠는가'하는 말로 나 자신을 많이 위로하는 편이었다. 그러나 이래도 마음에 안 들고 저래도 마음에 차지 않는, 삭아 들어가기만 하는 이 마음을 어찌해야할지 모르겠다.

(2008. 6)

현재 진행형

'동사의 원형 플러스 아이 엔 지'하며, 오랫동안 중학교 영어 시간의 기억 속에만 머물러 있던 현재 진행형이란 말이 요즈음 일상생활 속에서 자주 떠오른다. 멈추어 있지 않고 계속되고 있는 모양, 그런 상태가 빚어내는 큰 힘을 살아가면서 실제로 알아가기 때문일 것이다.

가끔 산엘 오른다.

운동화만 신고 나서면 곧바로 산으로 오를 수 있는 분에 넘치는 환경 덕분이다. 한 시간 짬이 있으면 한 시간, 두 시간 여유가 있으면 또 거기에 맞게, 또 세 시간 정도를 걸을 여유와 기운이 있으면 그만큼의 코스를 택한다. 누구를 의식할 필요도 없고, 걷는 속도 같은 걸 잴 필요도 없다. 몸과 마음이 시키는 대로 느릿느릿 오른다. 그런데 무언가 생각에 치받치어 나도 모르게 발걸음이 빨라진 날이면 금세 숨이 턱에 닿고 지치게 되어 숨을 고르기 위해 잠시 멈추어 서야만 한다. 그러면 잠시 사이에 저만치 뒤에서 올라오던 사람이 어느덧 나를 지나쳐 가게 된다. 그럴 때마다 아무리 느릿느릿 걸어도 쉬지 않고 계속 걷는 것이 얼마나 중요한가를 다시금 깨닫게 된다.

그것은 꽉 막힌 도로에서 때때로 경험하는 일이기도 하다. 꼼짝 않고 멈추어 있을 때 보다 시속 20km 든 30km 든 일단 바퀴가 구르기만 하면 어느 정도 갑갑증에서 벗어나게도 되고 실제로 도착해 보면 큰 차이가 나는 것이 아니었다. 쉬지 않고 앞으로 가고 있다는 것은 희망이라는 단어와 비슷한 뉘앙스를 지닌다. 그러고 보면 현재 진행형이라는 것이 희망을 향해 내딛는 발걸음이라고도 말할 수 있을 것 같다. 낙숫물이 바위를 뚫는다든지, 흐르는 물에는 이끼가 끼지 않는다, 라는 말이 그냥 생긴 이야기가 아니라는 것을 새삼 느낀다.

그래서 오늘도 난 아무 할 일이 없어도 마음이 바쁜가 보다. '동사의 원형 플러스 아이 엔 지'의 현재 진행형은 내게 있어서 영원히 지향하고 싶은 꿈의 시제이다.

(2008. 6)

내 이름은 형님

어느 날 문득 정신을 차리고 보니 어느덧 난 어느 자리에 서나 나이가 많은 축에 속하고 있었다. 눈치 없이 젊은 사람들이 많이 드나드는 곳엘 간다든지 뻔뻔스럽게 젊은 사람들이 좋아하는 자리에 가는 것도 아니다. 이런 곳이라면 대게 내 또래들이 모일거야, 하고 확신을 가지고 들어간 곳도, 가서 보면 내가 가장 연장자인 경우가 잦다. 내 딴에는 앉을 자리 설 자리에 신경을 써서 선택을 하지만 결과는 언제나 비슷하다. 두말 할 것도 없이 나는 이제 나이가 많은 사람일 뿐이다.

그러나 아무 것도 하지 않고 가만히 앉아 있어도 나이는 먹는 것을 어쩌랴. 그러나 나이 먹은 건 어쩔 수 없는 일이라 치자. 문제는 나이라는 것이 주름살이나 가져오고 흰 머리칼을 생기게 하고 체형을 구부정하게 변화시키는 것으로 끝이 나면 좋으련만, 여기저기 아픈 곳이 생기고 마음먹은 대로 활동을 하지 못하게 만드는 점이 골칫거리이다. 아니, 그것도 이미 사치한 생각인지 모르겠다. 이쯤 나이를 먹으니 난 이미 여자도 아니고 심지어는 사람도 아니라는 생각을 종종 하게 만드는 일이 생긴다. 사고라는 건 전혀 할 줄 모르는 하급동물로 취급받는 것처럼 느끼게 되는 일이 다반사이다. 슬프기 짝이 없는 일이다. 여자가 아니라는 것은, 그래 뭐 어느 정도 인정하고 수용할 수 있다. 그러나 난 아직 남에게 크게 뒤지 않을 만큼 사고를 할 수 있는 데, 하는 생각으로 부아가 치민다. 이것이 흔히 말하는 노인성 아집일까.

전통문화연구회에서 시행하는 한문 고전읽기 교실에 적을 걸어놓고 한문고전을 읽으러 다닌 것이 2년이 지났다. 한문고전을 읽지 않았다는 것이 때때로 마음의 벽이 되어 다가오곤 했기 때문이었다. 어차피 좋아서 하는 짓이 글자를 읽고 쓰는 생활인데다가 그곳엘 가면 나와 비슷한 연배들이 대부분일 것이고, 거기에서라면 내가 한 자리를 차지하고 앉아 있어도 그다지 마음 불편하지 않을 것이라는 계산도 깔려 있었다. 그리고 어느덧 2년이 지나갔고, 이제야 조금 여유가 생긴 나는 새삼스럽게 눈을 들어 주위를 살펴보았다. 30명 남짓 자리를 차지하고 있는 사람들 중, 여자도 예닐곱 사람 보였다. 그러나 남자들 가운데는 언뜻 보기에도 나보다 더 나이가 든 분이 있는 것 같아 보였지만, 여자들 중에서는 여기서도 난 숨길 수 없는 맨 위의 형님이었다.

왠지 믿는 도끼에 발등을 찍힌 느낌이었다. 이름도 필요 없고 성도 필요 없는, 내 이름은 그저 왕 형님이다. 그들 눈에 비치는 나는 무슨 모습을 하고 있을까 스스로 켕기는 기분이다.

(2008. 6)

가장 두려운 일

"마포 불백이 무슨 뜻인지 아세요?"

따끈따끈한 이야기라며 아이가 눈을 반짝이며 물었다. 묻는 낌새로 보아 정답이 마포에 있는 불고기 백반집을 말하는 건 아닐 것이다. 눈만 껌뻑껌뻑 하고 쳐다보았더니 깔깔 웃으며,

"마누라도 포기한 불쌍한 백수래요."

한다. 호들갑스럽게 함께 웃으며 '포기'라는 말의 위력을 실로 엄청나게 실감하였다.

무슨 일에나 반응이 느리고 더딘 편이어서 진즉에 형광등이라는 별명이 내게 붙어 있지만, 나는 포기를 하는 데도 남보다 역시 더디다. 내 안에서 실컷 삭이고, 뒤집어서 다시 삭이고 나름대로 숙성을 시킨 후에나 슬그머니 포기라는 것을 하는 편이다. 나 자신이 미울 때면 그런 자신이 미련하다고 스스로에게

눈을 흘기고 자신이 조금 신통하다고 느껴지는 날에는 욕심이 있어서 좋다고도 여겨왔다. 그러나 일단 포기를 한 것에는 이상스러우리만치 난 더 이상 미련을 두지 않는다. 늘 거기까지 도달하는 데 힘이 드는 타입인 셈이다.

그런데 주변에서 자기 자신을 너무 쉽게 포기하여 빚어낸 불행들을 많이 본다. 가장 분명하게 보는 것은 병에 걸렸을 때 자기 의지력의 약화로 쉽게 포기하여 자기 자신은 물론이고 주위까지도 온통 다시 돌이킬 수 없는 지경으로 몰고 가는 유형이다. 병이나 불행이라는 것은 사람을 가려서 찾아오는 것이 아닐 것이다. 그렇게 누구에게나 올 수 있는 것에 쉽게 자신을 내어주는 것을 볼 때면 안타깝기까지 하다.

요즈음 내가 가장 두렵게 느끼는 것은 내가 어느 날인가 갑자기 나 자신을 포기하는 날이 오지 않을까 하는 것이다. 체력이 되지 않아, 이젠 모든 것이 귀찮아, 눈이 침침해서 글씨가 잘 보이지 않아, 내 나이 벌써 얼만데, 하고 내가 둘러 댈 핑계거리는 하나 둘 더욱 더 늘어날 것이다. 그런 핑계거리들에게 내 안방을 내어주고, 곳간 열쇠까지 건네주고 뒷방으로 슬그머니 물러앉는 늙은이가 되면 어떻거나 하는 걱정이 두드러지게 앞서는 나날이다.

(2008. 6)

말의 씨앗

꼭 10년 전인 1998년 7월, 파리에서 유학중인 아이를 만나러 갔다가 각기 여행 가방 하나씩을 끌고 함께 열사흘간의 유럽 열차여행을 할 때였다. 열차는 이태리 밀라노 역을 출발하여 베네치아 산타루치아 역으로 가는 도중이었다. 바다 한가운데를 가르며 우리가 탄 열차는 망망한 바다, 그 바다 속으로 빨려 들어가는 듯 달려갔다. 차창 밖으로 빠르게 지나가는 풍경, 때마침 바다를 온통 붉은 색으로 물들여 놓으며 잠기어 가는 석양 모습에 넋을 홀라당 빼앗긴 채 나는 남편에게 단호하게 말했다.

"있는 것 다 팔아서라도 앞으로 여행만 다녀요."

그 순간 내겐 집 같은 건 없어도 좋았다. 이런 여행만 계속할 수 있다면 내겐 미련을 두고 지켜야 할 것이 아무 것도 없는 것 같았다.

"말이 씨가 되는 게야. 늘 말조심 하고 살거라."

딸들을 앉혀놓고 어머니는 자주 말씀하셨다. 층층시하에서 시집살이를 하며 살아오신 어머니의 지혜이고 동기간의 우애를 걱정하여 하신 말씀이었을 것이다. 그때마다 확실하게 무슨 말씀인지는 알지 못했지만 그저 어렴풋이 알 것도 같아 고개를 끄덕이곤 했다.

그런데 종종 이상하게 생각할 때가 많았다. 설날이 되어 세배를 드리면 어른들은 우리들 하나하나에게 일일이 말씀하셨다.

"네가 큰 회사에 취직이 되었다지?"

"너는 박사가 되었다며?"

"시집가서 아들 낳았다고 했지?"

"너는 큰 집을 사서 이사했다지?"

당신들의 소원을 담아 바로 말이 씨가 되라고 그런 덕담을 해주신 것이 아니었을까 하는 생각이 들어서이다.

그런데 요즈음 생뚱맞게 난 어릴 적으로 돌아가 덕담을 듣고 싶을 때가 종종 있다. 그러나 세월을 거슬러 올라갈 장사는 없는 법, 그 대신 땅 속에 계신 어머니에게 시비를 걸듯 말하곤 한다.

"엄마의 말씀은 틀렸어요. 말이 씨가 되는 게야, 그러니 좋은 말만 하고 살거라, 그렇게 말해야 하는 거 아니에요?"

그러면 매번 어머니는 말없이 그냥 빙그레 웃고만 계신다.

그때의 어머니와 같은 나이가 되어, 나는 한껏 되바라진 여자가 되어 있는 모양이다.

그런데 거름이 부족한 걸까? 내가 뿌린 말의 씨앗에는 아직도 싹이 나오지 않고 있다.

(2008. 6)

이름도 몰라요, 성도 몰라

빨간 신호등에 차가 멈추어 섰는데, 바로 앞 빗속의 건널목을 할머니 일곱 분이 각기 우산을 받쳐 들고 휘이 휘이 한쪽 팔을 흔들며 건너고 있다. 앞으로 고꾸라질 듯 종종걸음으로 걸으시는 할머니가 있는가 하면 몸을 뒤로 젖히고 노를 젓듯 팔을 흔들며 가는 분도 있다. 바지를 입으신 분도 있고 긴 치마를 입은 분도 있다. 가만히 살펴보면 색깔도 모양도 각기 다르다. 그런데 이상하게도 분위기가 한결같아 보였다. 노란 모자에 노란 가방, 똑같은 유치원 복을 입고 줄서서 길을 건너는 유치원원아들을 보고 있을 때의 느낌이었다.

아마도 근처에 있는 실버타운에 입주해 계신 분들일 것이다. 대체로 평생을 잘 살아오신 축에 드는 분들, 그래서 노후도 비교적 여유 있게 보낼 수 있는 기반이 있는 분들이 입주해 있다고 소문난 곳이다. 하루 세 끼의 식사도 모두 준비해 주는 곳이라는데, 점심때인데 어디를 가시는 걸까. 아마도 장마가 시작된 날, 별식이라고 함께 하자고 빗속에 나선 길인지도 모르겠다. 길 건너에 있는 음식점으로 빈대떡이라도 드시러 가시는 것일까. 아니 감자 수제비를 드시러 가시는 것인지도 몰라, 그런데 그 집 메뉴에 수제비가 있던가, 나 혼자 머릿속으로 메뉴판을 이리저리 넘겼다.

그런데 이상했다. 저 파란 불이 사라지기 전에 할머니들이 과연 건널목을 다 지나갈 수 있을까 하는 생각을 하다가 이상한 환상 같은 장면이 떠올랐다. '이름도 몰라요, 성도 모르는' 가도 가도 끝이 보이지 않는 사막의 길을 나는 가고 있었다. 모래뿐인 뿌연 시야, 태양빛을 가려줄 아무 것도 없는 드넓은 벌판, 그 속을 나홀로 불안한 얼굴로 가고 있었다. 힘들여 발을 떼고 또 떼어놓아도 사막의 끝은 보이지 않았다. 나는 막막한 사막 가운데에 있었다.

갑자기 빵! 하는 클랙슨 소리가 들려왔다. 화들짝 놀라 앞을 보니 할머니들도 모두 저쪽 편으로 지나가신 뒤였다. 빈 건널목에는 훠이훠이 팔을 저으며 가던 할머니들의 그림자만 아직 남아 있는 것처럼 보였다.

그 뒤로 실버타운 앞은 지날 적마다 나는 자꾸만 사막 한 가운데 서있는 느낌이 든다. 그리고 이유를 알 수 없는 그 느낌은 온몸이 저려오듯, 날 자주 풀죽게 한다.

(2008. 6)

꿈 1

새벽녘에 잠이 깨어 다시 잠들지 못하고 뒤척이면서 희뿌옇게 밝아오는 창밖을 바라보다가 설핏 든 잠 속에서 다시 어머니를 만났다. 이상하게도 몸이 시원찮을 때면 어김없이 꿈에서 어머니가 나타나셨다. 꿈속에서 나는 뭔가를 두고 아래 남동생 둘과 다투고 있었는데, 하얀 옥양목 치마를 입은 젊은 어머니가 우리를 번갈아 다독여주셨다. 몸이 힘들다고 느낄 때면 찾아오시는 어머니. 잠에서 깨고 나면 어머니가 날 잊지 않으신 것 같아 흐뭇하고 내가 어머니를 잊지 않고 있는 것 같아 안심이 되기도 했다.

'꿈속에서라도 만나고 싶다' 는 말이 이해가 간다.

여행에서 돌아 온 다음날부터 장염에 위염이 겹치는 바람에 설사와 고열로 병원을 들락거리며 고생을 했다. 섭씨 40도를 넘나드는 이집트, 룩소의 사막 한 가운데에 있는 왕들의 계곡을 끄떡도 하지 않고 따라다니며 나이 먹은 티 내지 않으려고 내 딴에는 용을 썼나 보다. 돌아온 후에 병이 나길 망정이지 그곳에서 그랬으면 어쩔 뻔 했을까 아찔하다. 어쩔 수 없이 겸손해져야 하는 나이인가 보다. '여행이란 현실 속에서 꿈을 부르는 행위이다'라고 힘주어 말하며 부리던 욕심도 이제 슬슬 포기해야 하는 것인지도 모르겠다.

그러나 지금이라도 누가 또 여행을 떠나자 하면 난 다시 벌떡 일어나 가방을 꾸릴 것이다. 티베트도 좋고 인도도 좋고, 잉카 문명의 페루라면 더할 나위 없을 것이다. 꿈을 부르러 가는 길, 때로는 꿈길에서 어머니를 만나기도 하는 길, 몸이 조금 시원찮아지고 고단한 것쯤이야 아무 것도 아닐 것이다.

(2008. 7)

울밑에 선 봉선화야

토종 고양이 한 마리가 우리 식구가 된 지 7년이 되었다.

사람이란 길들여지기 마련인지, 좀 특이하게 생긴 놈이라면 개와 고양이도 구분 못하고, 동물이 있는 곳이면 가던 길도 멀찌감치 돌아서 가던 내가 어느덧 담 밑에 고개를 처박고 먹이를 찾고 있는 꾀죄죄한 고양이도 예뻐 보이고 지나가는 남의 집 강아지에게도 한 마디 객쩍은 말이라도 꼭 건네야만 지나갈 만큼 변했다.

그런데 이놈이 살이 쪄서 주인 격인 아이의 고심이 이만저만이 아니다. 다이어트 사료를 골라 먹인다, 절식을 시킨다, 운동을 시킨다는 등 제 나름대로 책임의식을 갖고 애를 쓰는 모양인데 그게 잘 되지 않는 모양이다. 먹이의 양을 좀 줄이면 하루 종일 입맛을 다시며 따라다니면서 칭얼대고, 운동을 시킬라치면 애타하는 사람에 대한 인사치레로 두어 번 마지못해 뛰어

주고는 다리를 쭉 뻗으며 배를 바닥에 깔고 드러누워 딴전을 핀다. 하기야 할머니 할아버지에 해당하는 남편과 내가 있으니 눈치 빤한 이놈의 응석이 고쳐질리 만무하다. 저도 머리가 있다고, 제 주인이 절식을 시킬라치면 할아버지 무릎께나 내 침대 옆에서 떠나지를 않고 야옹야옹 끝없이 보챈다. 마음 약한 노인네 심정에, '에라 모르겠다, 말도 못하는 짐승을 가지고 쯧쯧!'하며 대뜸 사료통으로 손이 가고 만다. 애초부터 먹이의 양을 매정하게 조절하여 위가 크지 않도록 했어야 하는데 그렇게 하지 못한 것이 원인이란다. 이제는 아이도 거의 포기를 한 것 같다.

그런데 어제는 그 놈을 물끄러미 바라보고 있던 아이가, "내가 쟤를 키워보니까 지금 나에게 느끼는 엄마의 마음을 알겠어요." 하는 것이었다. 아이가 눈치를 챘는지 아닌지, 그 말이 내 정곡을 찔렀다. 지나친 오만인지도 모르지만, 솔직히 말해 난 한 번도 내가 특별히 남보다 많이 모자라는 사람이라고 생각해 본 적이 없다. 어릴 적에 설혹 시험 점수가 다른 아이보다 덜 나와도 난 그걸 내가 머리가 모자란 것이 아니라 시험공부를 그 애보다 덜 했기 때문이고, 그 아이가 남달리 기억력이 우수한 것이며 다른 면에서는 내가 더 우수한 점도 있을 것이라고 생각했다. 아니, 그렇게 생각하려고 노력했다는 말이 더 옳을 것이다. 자라나서, 사회의 일원으로 또 한 인간으로 살아가는 길 위에서 맞닥뜨리는 선택의 기로에서도 매번 난 내 판단을 중시하는 편이었다. 남과의, 또 무엇과의 비교 판단이 아니라 그저 내 속에서의 비교 판단으로 행동하였고 늘 그것이 옳다고 믿으려 애써 왔다. 너무 폐쇄적이 아닌가 하는 의문이 자신을 괴롭히던 힘겨운 날들도 숱하게 있었고, 오픈 마인드라는 말이 더없이 매력적으로 다가오는 그런 날들도 많았다. 그러나 어디서 나온 고집인지 나 자신도 모르면서, 귀가 얇지 않다는 것을 난 긍지로 여기려 하였다. 어떻게 보면, '나는 나 자신을 믿는다, 믿는다' 그렇게 단단하게 최면을 걸며 살아온 셈이다. 인생의 후반에 이르기까지 나는 그 고집을 꺾지 않았다.

그런데 뒤늦게 나 자신을 의심하는 일이 잦아지고 있던 터에 아이가 내 심정의 정곡을 찌르는 한 마디를 한 것이다. '잔뜩 엎질러져 있는 물을 쓸어 담지도 못하고, 곳곳으로 스며드는 모양을 속수무책으로 그저 멍청히 바라보고만 있는 꼴이네' 하는 심정으로 지내던 참이었다.

이상하게도 아침에 일어나 무심히 생각난 노랫가락은 그날 하루 종일 입속에서 맴돌게 된다. 설거지를 하다가도 운전을 하다가도 입에서 흘러나온다. 오늘은 하루 종일 홍난파 곡의 봉선화가 입에서 흘러나왔다.

> 울밑에선 봉선화야, 네 모양이 처량하다.
> 길고 긴 날 여름철에 아름답게 꽃필 적에
> 어여쁘신 아가씨들 너를 반겨 놀았도다.

어언 간에 여름가고 가을바람 솔솔 불어
아름다운 꽃송이를 모질게도 침노하니
낙화로다 늙어졌다 네 모양이 처량하다.
북풍한설 찬바람에 네 형체가 없어져도
영화로운 꿈을 꾸는 너의 혼은 예 있으니
화창스런 봄바람에 환생키를 바라노라.

(2008. 7)

당의정

때때로, 아주 때때로 나는 어디 조용한 산사에서 일주일쯤 아무 것도 하지 않고 지내보았으면 하는 말을 버릇처럼 하곤 한다. 나 자신과 정면으로 마주해보고 싶다거나, 산다는 것은 과연 무엇인가, 하는 심오한 생각을 해보고 싶은, 그런 큰 뜻이 있는 것은 물론 아니다. 그저 눈앞에 신경 쓸 일 하나도 없이 혼자 조용히 있어 보고 싶다는 단순한 희망 하나이다. 일상의 소리 아무 것도 들리지 않고, 아무 것도 바쁘게 생각나지 않는 그런 조용함, 그 뽀얀 정적 속에 잠시라도 머물러 있어 보았으면 하는 바람뿐이다. 그러나 그것이 어디 있을 법이나 한 소리인가. 발꿈치를 조금만 돌려도 금세 발끝에 채는 생활이 나 자신을 조롱하곤 했다.

그런데 요즈음 그런 생각을 하다가 종종 나 자신을 의심할 때가 있다. 내가 원하는 것이 진정으로 깊은 산사의 뾰얀 정적 그 자체일까. 혹시 나의 게으름 같은 것이 조용한 산사를 그리워하고 있다는 한 겹의 달콤한 껍질을 쓰고 나를 기만하고 있는 것은 아닐까. 크든 적든 한 사회 속의 일원으로서의 의무나 역할을 팽개칠 용기도 내게는 없거니와 그 꿈과도 같은 바람을 너끈히 성사시켜줄 정신적 지주가 될 만한 어떤 것도 없다. 하다못해 나는 크게 내지를 목청도 갖지 못했다. 그렇다면 도대체 이놈의 정체는 무엇인가. 희망이라는 공란에 채워 넣기 위한 단순한 문자에 불과한 것일까.

조용한 산사의 정적, 그 천장에 그리는 짝사랑 가슴앓이는 아무래도 내 게으름의 당의정일 것이라는 생각이 자꾸 든다.

(2008. 7)

덫 1

그리스와 이집트 여행에서 돌아온 지 이제 겨우 일주일이다. 그런데 여전히 마음은 그리스의 지방도로를 달리고 있고 잠속에서는 이집트 사막의 밤하늘 아래서 별을 보며 누워 있다. 어젯밤 꿈속에서 난 몽골 초원의 하얀색 유목민 집에 있었다.

나는 아무래도 덫에 걸렸나 보다.

(2008. 7)

이별

13년 동안 나의 다리가 되어 준 자동차를 카센터에 넘기고 돌아왔다.

미안하고 헛헛하다. 이별이 서러운 건 사람과의 관계에서만 딱히 그런 것은 아닌 게 확실하다. 충분히 예측하고 있던 일이지만 막상 열쇠를 건네고 돌아오니, 무슨 심보인지 이유 없이 서럽고 맥이 없다. 충실한 하인처럼 늘 편안하고 만만했었는데, 저도 나이가 많아지니 어쩌겠는가. 카센터 아저씨는 그저 고철값이라고 했다. 서류에 마지막 도장을 찍고는 차마 돌아보지도 못하고 쫓기듯 와버렸다.

그런데 이상하다.

내가 떠나보낸 것이 아니라 자동차가 나를 떠나버린 것만 같다. 지랑 나랑 똑같이 나이를 먹었는데 저 혼자만 저만치 가버리고 나만 혼자 여기에 남겨진 느낌이다.

누가 누구를 버린 것일까.

(2008. 7)

나는 여기에 두고

근 한 달 만에 나를 마주하고 앉는다.

우라고우 요시로浦鄕義朗의 간단한 책 한 권의 번역을 끝냈다. 내용이 가벼운 편이라 옮기는 작업을 하는 동안 정신적으로 크게 시달리지는 않은 것 같은 데도, 일단 끝내고 나니 진이 모두 빠진 느낌은 여느 때와 여전하다. 한동안 할 일이 손에 쉽게 잡히지 않고, 몸도 마음도 공중에 떠있는 느낌이 들었다. 나 자신은 여기 이 자리에 그대로 놔두고, 또 하나의 내가 어디 멀리 떠나 있다가 돌아온 느낌 같기도 하다. 여기저기에 흩어져 우두망찰하고 서 있는 나의 조각들을 주섬주섬 주워 모아 내 몸과 내 정신 속에 집어넣어, 나를 다시 하나로 만들어야 할 것 같다.

동시에 두 가지 일을 거의 하지 못하는 성질이 문제라면 문제이다. 읽고 있던 작은 문고판은 페이지가 접힌 채로 그대로 책상머리에 얹혀 있다. 〈대학, 중용〉이 실린 파란색 한문교재는

스트레스에 절어 더욱 파랗게 된 얼굴로 엎어져 울고 있다. 다리미질을 기다리는 옷들이 옷걸이 한 줄 가득 걸려 있다. 서둘러 사와야만 할 용품들을 적은 것이 메모지 한 장을 가득 채웠다. 모두가 나를 기다리고 있다. 무얼 먼저 손을 대야할지 막막하다. 늘 그랬다. 한 가지 일에 매달리면 옆을 돌아보지 못한다.

그런데 오늘 아침 새벽잠에서 나를 깨우는 것이 있었다. 생각하고 행동으로 옮길 수 있는, 그렇게 온전한 한 사람으로서의 나 자신을 살 수 있는 날이 그렇게 많이 남아있지는 않을 것이라는 생각이 얼핏 든 것이다. 장 청소를 말끔히 한 뒤의 뱃속처럼 깨끗이 나를 비워냈다고 생각하고, 이 기회에 다시 채워 넣는 것은 고르고 또 골라 넣어야 할 것 같다는 생각이었다.

산다는 건 영원히 숙제를 푸는 일인 모양이다. 기를 쓰고 해도, 이제 다 했다고 허리를 펴는 순간 거기에 또 다른 숙제거리가 나를 빤히 바라보고 있다.

(2008. 7)

붕어빵 서점

가벼운 베스트셀러 위주로 고만고만하게 책을 늘어놓은 판박이 같은 서점을 미국에서는 붕어빵 서점이라고 부른다고 한다. 아침신문 오피니언 페이지에 실린 그 칼럼은 지식산업의 위기를 염려하는 것으로서, 그 말을 빌려와 붕어빵 교육, 붕어빵 출판을 걱정하는 글이었다. 한 마디로 말해서 그것이 깊이가 있는 앎의 기쁨을 잃어버리게 한다고 개탄하고 있었다. 그 문장들이 갑자기 확대경을 들이댄 것처럼 내 눈에 커다랗게 보였다.

지금껏 나도 무슨 일을 할 때 '남과 똑같이' 혹은 '남이 하는 대로'하면 우선 안심이 되는 것이 사실이었다. 대부분의 세월을 '모난 돌이 정에 맞는다'는 말에 고개를 끄덕이며 소극적으로 살았다. 여러 형제들 틈에서 자라난 환경 탓인지도 모르겠다. 무슨 일을 하던 나 자신을 작게 만들어 놓았다. 그리고 일단 자리를 만들면, 그 작은 나 자신 주위에 보호막을 쳐놓고 그 막 안에서 안심하고 싶어 하는 것이 내 못난 성격이다. 하기야 어떻게 보면, 그것은 어디까지나 자신에 대해 욕심을 많이 부리지 않을 때, 최소한의 바람을 갖고 있을 때 누구에게나 나타나는 공통된 심리일지도 모른다. 붕어빵 서점이 깊이 있는 앎의 기쁨을 잃어버리게 하는 것처럼 나같이 어리석은 사람에게는 '남과 똑같이'가 개성적인 것을 꿀꺽 집어삼키고 수면 위에 동동 뜨는 것이 수면 아래 깊이 가라앉아 있는 모든 것을 대표하는 것인 양 착각하게 만드는 순간마취제 역할을 하는 것도 사실이다. 그리고 때로는 그 순간마취제에 몸을 기대고 편안해 하려는 마음이 나를 포함하여 누구에게나 있을 것이라고 핑계를 대고 싶어 했던 것도 사실이다.

걸핏하면 나는 '입을 다물고 잠자코 있으면 본전은 한다'라는 말 뒤에 잘 숨는다. '호명을 하기 전에는 나가지 말라'는 말이 들썩이는 발목을 잡을 때도 숱하다. 나는 그렇게 구시대적인 토양 속에서 잘디잔 사람으로 잘게 자랐고, 그것이 때로는 미덕일 수도 겸손일수도 있다는 분위기 속에서 커왔다.

얼마 전부터 TV를 볼 때나 칠판글씨를 볼 때, 두세 겹 겹쳐 보이고 흐릿하게 번져나가 듯 보여 어제는 안경점엘 다녀왔다. 안경을 한 지 꽤 오래되었으므로 그동안 눈이 더 나빠졌는가 하는 걱정이 앞섰다. 거기에 안경이란 곧 얼굴인데 그래도 명색이 여자이면서 몇 년째 똑같은 안경으로 살아가는 건 자신에게 너무 무책임한 것이 아닐까 하는 심정도 바닥에 살포시 깔려있었던 것도 사실이다.

시력검사를 다시 꼼꼼히 하여 도수를 재고, 렌즈가 너무 두꺼워져도 안 되며, 테니스를 하고 있으므로 무거운 것은 절대로 안 된다는 등등, 몇 가지 요건을 늘어놓자 진열장 속에 늘어서 있던 예쁘고 멋있는 그 하고많던 안경테는 모두 슬그머니 꽁무니를 빼고 내 앞에는 네댓 개의 그렇고 그런 비교적 평범한 안경테만이 놓였다. 아무리 소소한 일일지언정 무언가를 결정하는 것은 늘 어려운 일이다. 범위가 그렇게나 좁혀졌는데도 썼다가 벗었다가를 수차례, 마침내 선택의 폭이 두 개로 압축되었다. 하나는 극히 평범하고 무난한 형이고 또 하나는 빨간 테가 예쁘게 곡선을 그리고 있는, 그중에서는 그나마 날씬한 형이었다. 마음속은 진즉부터 열두 번도 더 빨간 테 언저리에서 맴돌고 있었지만 결국 난 무난한 것을 손에 들었다. 내가 지금 살고 있는 세상은 튀는 것, 독특한 것, 개성이 있는 것에 점수가 매겨지는 세월이라고 몇 번이나 마음을 쿡쿡 찌르며 빨간 것을 만지작만지작했지만, '혹시나'해서 나 자신에 걸어보았던 기대는 마지막 단계에서는 여전히 '역시나'로 되어버렸다. 세상일에는 뻔히 알면서도 하지 못하는 일은 숱하게 많다. 안경테 하나 바꾸는 것에서조차 난 여전히 어제의 나를 벗어나지 못한다.

우리가 걸핏하면 입에 올리는, '아는 만큼 보인다'라는 말은 기실 아주 무서운 말이라는 생각이 든다. 손가락 하나 대지 않고 코를 푸는 셈이라고나 할까. 자기 자신을 사정없이 객관화시켜 드러나게 하는 말을 자기도 모르는 사이에 하게 만들기 때문이다. 오피니언 칼럼의 '붕어빵 서점'이라는 말이 많은 생각을 하게 만들었다.

함께 안경점엘 따라간 아이는 엄마가 하는 양이 영 마음에 들지 않았나 보다. "엄마, 잠깐!"하며 자리를 뜬 채 아직 돌아오지 않고 있었다.

(2008. 12)

마음의 브레이크

9시 저녁뉴스를 보려고 텔레비전을 켰더니 사양길에 들어선 인도의 다이아몬드 가공 산업에 대한 이야기가 진행되고 있었다. 세계적인 불황이 여기에도 미치고 있다는 말과 함께 텅 빈 공장과 일이 없어져 고향으로 돌아가고 있는 다이아몬드 연마공들의 축 처진 뒷모습을 비추고 있었다. 뉴스시간을 기다리며, 보는 둥 마는 둥 멀거니 바라보고 있는데 옆에 있던 남편이 한마디를 했다.

"마누라 덕분에 난 다이아몬드 같은 거에는 애초부터 관심이 없으니까."

하기야 이건 특별할 것도 없는 일상적인 남편의 어법이다. 싱겁다면 싱겁고, 옛다! 하며 호기 있게 덤을 한 줌 얹어주는 기분으로 좋게 말하면 유머가 있다고 생각할 때가 사실 많다. 그러나 살다보면 같은 말이 언제나 똑같은 의미를 지니는 것은 아니

다. 엊저녁에는 그런 말투에 난 슬그머니 약이 올랐다. 불이 나서 훨훨 타고 있는 집을 바라보며,

"우린 저렇게 불날 염려가 없으니 다 이 에비 덕인 줄 알아라."

했다던 거지부자의 이야기가 생각났다. 그러나 그뿐, 저녁 뉴스가 바로 시작되었고, 슬며시 오르던 약도 화면에서 숨 가쁘게 펼쳐지는 이런 저런 세상사를 따라가다가 자연히 거기에 묻혀 기세를 잃어버렸다.

그런데 오늘 아침 화장대 앞에 앉아 거울 속에 비추인 주름진 얼굴을 바라보다가 나도 모르게, "새로운 디자인의 가방 하나와 멋있는 옷 한 벌 새로 사고 싶은데."라는 한 마디가 생뚱맞게 툭 튀어나왔다.

순간 거울 속에서 남편의 얼굴이 일그러졌다. 말이 되어 입 밖으로 미처 나오지 못한 온갖 어휘들이 그의 얼굴에 잔뜩 쓰여 있었다. 평소 남편의 말투가 어눌한 것이 그나마 다행이라면 다행이었다.

이상한 것은, 정말로 내가 새 가방이나 새 옷을 사고 싶은 것인지 나 자신도 잘 모르는 이야기라는 점이다. 그런데 그것이 오랫동안 벼르고 또 별러온 것처럼 그렇게 쉽게 나온 것이다. 현재 달러화는 1,500원선을 넘나들고 있고 유로화가 1,900원선을 넘었다고 연일 시끄러운 보도가 나오고 있다. 이런 세월 속에서의 그런 이야기는 드라마 속에서이든 옆집 이야기이든 브레이크 고장으로 인한 소동이라고 간주할 수밖에 없다. 노후 된

내 브레이크가 일으킨 사고라고 생각하면 마음이 편해지려나? 착잡하기 이를 데 없다.

지난 11월, 우리는 〈일본속의 한민족사 탐방〉이라는 그룹에 끼어 일본 관서지방을 돌고 있었다. 쿄토의 어느 거리에선가 자동차가 신호등에 걸려 멈추어 있을 때였다. 길가 건물에 내걸린 간판에 쓰인 글귀가 내 눈 속으로 뛰어 들어왔었다.

"당신 마음의 브레이크는 잘 듣습니까?"

정신병원 앞인 것 같았다.

(2008. 12)

부부의 달인

한 TV 프로에서 〈생활의 달인〉이라는 포맷으로 각 일터에서 믿기지 않을 만큼 빠르고 정확하게 일을 처리하는 사람들을 찾아 내보내는 것을 아주 재미있게 몇 번인가 보았다.

둥근 쟁반에 펄펄 끓는 찌개 냄비와 밥, 몇 가지 반찬을 얹은 것을 5층으로 층층이 쌓아 머리 위에 이고 뛰어가듯 빠른 걸음으로 배달하고 있는 남대문 시장의 아주머니, 오토바이를 타고 가며 신문을 휙휙 던져 우체통에 넣으며 지나가는 신문 배달원, 손이 보이지 않는 속도로 빠르고 또 정확하게 봉투 붙이는 일을 하고 있는 자매들, 모두가 신기하고 신선한 감동을 주곤 하였다. 우선은 우리 주변에서 어렵지 않게 볼 수 있는 사람들이라서 감동이 더했고, 반복적이어서 지루할 수 있는 일을, 그래서 고통스러울 수도 있는 일을 즐기며 오직 더 잘하기 위해 애쓰는 모습들이 장하게 느껴져 더한 감동을 주었다.

사람의 생각이란 대개 비슷비슷한 듯, 그 프로가 인기가 올라가자 급기야는 '달인'이라는 이름의 개그프로까지 등장을 했다. 물론 그것은 개그프로인 만큼, '알고 보니 엉터리 달인'이라는 것으로 끝을 맺곤 했지만, 이 '알고 보니 별 것도 아닌 것'으로 세간사를 비웃적거리는 것에 나도 박수를 치며 기꺼이 동참하면서, 지금껏 내게서는 하나의 단어로서만 멀찍이 존재하던 '달인'이라는 말이 생활 속에 살아 있는 언어로 내 곁에까지 바짝 다가와 있었다.

그러는 차에 일본 수필을 읽다가 '부부의 달인'이라는 말을 발견하고 나도 모르게 푸후! 하고 웃음을 터트리고 말았다. 아아! '부부'라는 말에도 '달인'이라는 말을 붙이는구나.

그 말에 이끌려 글을 자세히 읽어보았다.

오랜만에 나이 든 부부가 함께 나선 여행길에서 차창 밖으로 지나치는 멋진 경치를 보며 한쪽이,

"참 아름답지요?"

했을 때는,

"정말 그렇네요, 아름다워요."

하며 즉각 맞장구를 치되, 한쪽에서 전혀 공감을 할 수 없는 것이나 인정하고 싶지 않은 것, 예를 들어서,

"저 여자 굉장히 예쁘지요?"

하고 남편이 말을 했을 때, 아내는 못들은 척 딴청을 부리며

아예 대꾸를 하지 말라는 것이다. 아무리 예뻐도 남의 여자 칭찬하는 남편이 아내의 눈에 고와 보일 리 없는 것이므로, 그러다 보면 자칫 모처럼의 여행이 헛일이 되기 십상이므로 못들은 척 하는 것이 부부의 달인이 되는 첫 걸음이라고 작가는 쓰고 있었다.

나도 그럭저럭 38년 부부로 살았고, 어떻게 생각하면 반복적이고 자칫 지루할 수도 있는 세월을 그래도 나름대로 잘 해보려고 애쓰며 고민하고 살았으니, 나도 이제 '부부의 달인' 쯤 되지 않았을까 하는 생각이 잠시 들었다.

그러고 보면 우연이라는 게 있기는 있는 모양이다. 아니면 신의 시선으로 보면 우린 모두 같은 손바닥 위, 같은 흐름 속에서 살고 있는 보잘것없는 작은 생물이라는 이야기인가.

(2008. 12)

세월은 무심히 가고

새해 들어 둘째 날, 시인 신달자 선생에게 메일로 몇 줄 인사를 드렸더니 바로 답신이 날아왔다.

"세월은 무심히 가고 나도 또 무심히 늙어요."

조용히 웃고 있는 시인의 눈이 그의 글자들을 따라 함께 내게로 왔다.

지난 해 12월, 그는 마지막 강의를 했을 것이다. 그녀 인생의 거의 전부를 차지하고 있었을 대학 강단을 떠나는 심정이 어떠했을까. 세상 속으로 내팽개쳐진 기분이었을까, 아니면 어디선가 멀리서 들려오는 출발의 행진곡 소리를 희미하게나마 들었을까?

"세월은 무심히 가고 나도 또 무심히 늙어요."

무거운 누름돌인 듯 '무심히'라는 말이 무겁다. 늙는다는 것, 나이 듦이라는 것이 이 시인의 벌판을 쓸고 지나가는 무심한 바람이 아니었으면 좋겠다. 어제를 다 지워버리는 몹쓸 바람이 아니었으면 더욱 좋겠다. 잡답의 늪 속으로 빠져들게 하는, 등을 떠다미는 바람이 아니었으면 정말 좋겠다.

'무심히'라는 말이 하루 종일 허공 속에서 날아다녔다.

(2009. 1)

선물 같은 한 해

한 일간지의 금년도 신춘문예 희곡부문에 당선된 이주영씨의 당선소감 가운데서 '선물 같은 한 해'라는 말을 발견하고 반가운 마음에 잠시 생각을 해보려고 책상에 앉았다.

솔직히 말해서 딱히 읽어야겠다는 생각은 없었는데, 신문을 넘기다 언뜻 눈에 들어온 '선물'이라는 말이 내 발목을 잡은 것이다. 한 해를 선물로 삼을 수 있는 축복받은 마음을 조금쯤 나누어 갖고 싶었는지도 모르겠다.

바로 보아도, 거꾸로 뒤집어 생각해보아도 '선물'이라는 말은 그 말만으로도 누구나 기분이 좋아지는 게 사실이다. 또한 받을 때 보다는 줄 때가 항상 더 행복하다고 누구나 말을 하는 것처럼, 우리는 어쩌면 누군가에게 무언가 '선물'을 줄 수 있는 순간을 위해 매일 매일을 사는 지도 모른다는 생각이 든다.

그런저런 생각을 하다가 문득 나 자신이 내가 사랑하는 사람들에게 '선물'일 수는 없을까 하는 생각이 망상처럼, 멍청이의 꿈처럼 하루 종일 머릿속에서 떠나질 않았다. 그건 비단 사랑하는 사람들에게만 주고 싶기 때문만은 아닐 것이다. 내가 나 자신에게 선물이 되고 싶은 마음이 더 큰 것이 아닌지도 모르겠다.

남은 세월, 어디에 시선을 두고 어떻게 살아야 나 자신이 나에게 선물이 될 수가 있는 것일까. 이주영씨 덕분에 선물 같은 한 해를 꿈꾸어 보며, '선물'을 생각하다가 새해 하루가 또 갔다.

(2009. 1)

속고 또 속으며

“냉수 마시고 술주정하듯 거짓을 주의하라. 믿던 사람의 배신이 두렵구나.”

아침신문에서 읽은 오늘의 내 운세이다. 눈으로는 글자를 좇으며 머릿속으로는 오늘 일정 중에 그 말에 엮일 가능성이 있는 이런 저런 일을 재빠르게 주워섬겨본다. 그런데 딱히 생각 키우는 것이 별로 없다. 그저 무언가 꽤나 힘든 하루가 될 모양인가보다 하고 부루퉁하게 생각하다가 혼자 무릎을 쳤다. ‘아아! 맞아, 오후에 테니스를 하기로 했는데, 틀림없이 우리가 이길 것이라는 내 예상과는 달리 내 파트너가 공을 마구 펴낼 모양이다’

그리곤 돌아서며 잊어버렸다. 매일 이런 식이다. ‘새로운 문서가 들어올 수’라고 해서 천 원짜리 복권 한 장 산 일도 없고 ‘낙상 수’가 있다고 해서 문밖으로 나가려던 발길을 되돌린 적도 물론 없다. ‘실물 수가 있다’ 에서는 ‘그래서 어쩌라고? 안방에

콕 처박혀 꼼짝 않고 있을까?' 하며 눈을 흘기듯 신문을 덮어버린다. 그러면 그뿐이다. 그런데도 다음 날 아침 신문을 펴들면 또 다시 서둘러 운세 페이지를 먼저 찾는다. 딱히 기대는 것도 아니고 믿지도 않으면서 이게 무슨 짓인지 모르겠다.

책상을 정리하다가 끼적거리다 만 노트가 서너 권 나왔다. 언제 쓴 것인지 한참을 들여다보아야 그 시점의 나로 간신히 돌아갈 수가 있다. 책상 밑으로 들어가고 싶을 만큼 부끄럽고 창피한 이야기들이 대부분을 차지하고 있고, 가끔은 기특한 생각을 써 놓은 페이지도 더러 있다. 나 자신을 두둔하는 말로 표현하면 정열과 꿈에 가득 차있는 페이지도 있고, 지금 이 나이의 눈으로 볼 때 어이구! 하며 꿀밤 한 대를 먹이고 싶도록 어리석고 철딱서니 없는 생각을 적어놓은 페이지도 있다. 그런데도 시간 가는 줄 모르고 옛날의 나를 더듬어 가다가, 문득 나 자신에게 끊임없이 속고 살아온 것이 내 삶이 아닐까하는 생각이 들었다.

대학 2학년 때 신당동 어느 부잣집 중학생 딸에게 영어를 가르치기 시작하며 나는 몇 달 지나지 않아 그 부모가 눈을 크게 뜰만큼 내가 가르친 아이의 실력이 당연히 팍팍 늘 것이라고 생각했다. 대학졸업 후 한 외국은행에 원서를 내고 돌아서 나오며, 그 순간부터 생각속의 나는 이미 그곳의 직원이었다. 그러나 몇 달이 지나도 여중생의 영어점수는 그다지 오르지 않았고 입행 시험에서 나는 떨어졌다. 그리고 그런 일들은 긴 일생을 살면서 고비마다 잊을 만 하면 일어났다.

골프장에 나가기만 하면 홀인원을 했고, 테니스 시합을 하면 퍼펙트게임으로 이겼다. 시금치나물을 무치고 된장국을 끓이면 모두가 침이 마르게 칭찬했다. 나이가 아무리 들어도 연장자 앞에서는 뒤꿈치를 들고 뒷걸음으로 물러나 소리 나지 않게 조용히 문을 여닫았다. 다소곳한 아내이며 늘 다정한 엄마이다. 새되고 앙칼진 목소리가 집안 구석구석을 찌르는 일 같은 건 내 사전엔 절대로 없다. 행여라도 남의 말은, 그것도 험담에 가까운 이야기는 하지도 듣지도 않는다. 늘 상대방의 좋은 점을 찾으려 노력한다.

내가 살아온 세월은 내가 나 자신에게 속고 또 나를 속이며 산 세월인 것 같다.

며칠 전 빨간 신호등에 차가 멈추어 섰을 때 룸 미러 속에서 낯선 여자 하나를 만났다. 눈이 마주친 순간 본 쪽이 너무나 무안하여 고개를 돌려버렸다. 깊게 골진 주름 사이에 무수한 잡티와 검은 점들이 다글거리며 끓고 있는 늙고 낯선 얼굴이 거울 속에서 나를 빤히 보고 있었다. 대충 찍어 바른 분이 얼룩처럼 군데군데서 뭉쳐 있고 삐뚤삐뚤 서로 다르게 그린 두 눈썹이 꿈틀거리고 있었다. 나는 아이에게 싫은 소리를 냅다 뱉고 울먹이는 심정으로 집을 나선 길이었다.

'나는 내가 이런 사람인줄 알았다', '나는 내가 안 그런 줄 알았다'가 곳곳에서 무너지고 있다. 나는 여전히 나에게 속고 있는 모양이다.

(2009. 1)

'어느 새' 나는 그런 인간이 되어 있었다

한 작가의 책 한 권을 다 읽고 나면 그가 쓴 다른 책을 두서너 권을 더 읽어야 성에 찬다. 이번에는 소설가 김영하의 책이 그랬다. 그리고 오늘 아침에는 어제 읽은 그의 문장들이 나를 잠에서 깨어나게 했다.

"다섯 번째의 장편소설이 나왔다. 오래 전부터 나는 다섯 권의 번듯한 장편소설을 가진 작가가 되고 싶었다. '어느새' 나는 그렇게 되어 있었다. 이런 '어느새'에는 값싼 자기도취가 있고 그 안에 오래 머물고 싶은 달콤한 유혹이 있다. 미국의 모텔에서 그날 일정을 가늠하며 눈을 뜨는 사람, 노트북과 휴대폰의 배터리 잔량을 걱정하는, 서울의 은행에서 빠져나갈 자동이체 공과금 등을 생각하는 그런 사람, '어느새' 나는 이런 인간이 되어 있었다. 내 안의 어린 예술가는 어디로 갔는가? 아직 무사한 것일까?"

이왕 읽는 김에 그의 책 세 권을 더 구해 읽었다. 그리고 내친 김에 다시 그의 책 두 권을 도서관에서 빌려왔다. 확실히 그의 문장에는 읽히는 힘이 있었다. 공평하지 않다고 애써 부정하고 싶지만, 능력 있고 젊고 머리 좋은 얄미운 사람은 확실히 있다. 그리고 그런 사람을 만나는 일은 기분 좋은 일이다. 오늘을 살 만하다고 느끼게까지 했다.

그런데 그의 책을 덮으며 내 안의 어린 나는 어디로 갔을까? 하는 물음이 생겼다. 그런데 이상하게도 대답은 생각나지 않고, 대신에 제목도 가사도 다 잊어버린 동요 한 구절이 하루 종일 입가에서 맴을 돌았다.

"고추 먹고 매앰 맴, 담배 먹고 매앰 맴."

맴을 돌다가 어린 나에게서 나는 너무 멀리 와 있다는 느낌만 들었다.

(2009. 1)

호박에 줄긋기

만일 다시 태어난다면 어떤 사람이 되고 싶은가, 다시 여자로 태어나길 바라는가, 지금의 남편과 또 결혼을 하겠는가? 등등 우스개 같은 질문을 받을 때가 종종 있다. 그때마다 난 이제부터 생각을 좀 해보겠노라고 슬며시 자리를 피한다. 난 상상력이 아주 부족한 사람이고, 현실성이 없다고 생각하는 것은 일체 생각조차도 하지 않으려 하는 편협한 성미의 소유자여서 그 자리를 피하는 것 외에 다른 방법을 알지 못한다.

한마디로 재미성이라고는 눈곱만치도 없는 사람이고, 예술, 환상, 멋, 그런 단어는 애당초 나에게는 그림의 떡이라고 생각하며 산다. 게다가 나는 기억력도 남보다 많이 뒤떨어지는 모양이다. 그래서 '내가 여섯 살 적에 말이야' 하며 어릴 적 이야기를 시시콜콜 세세히 말하는 사람을 만나면 갑자기 그 사람이 위대해 보인다. 분명히 같은 길이의 세월을 보냈을 터인데 어린 시절을 통틀어 난 몇 개 안 되는 아주 빈약한 장면만을 기억하고 있을 뿐이다. 연잎을 우산 삼아 쓰고 가던 비 오는 날의 소풍길, 이삿짐 트럭 위에서 바라보던 별이 가득하던 여름밤 하늘, 커다란 다다미방을 빙 둘러싸고 있는 마루로 된 삐걱거리는 긴 복도.

그런데 내가 기억해내지 못하는, 나머지 그 많던 내 어린 날의 시간들은 어디로 다 가버린 것일까? 아, 그러고 보니 그 가난한 기억력 끝에 대롱대롱 매달려 있는 것이 하나 있다. 미술시간이었다. 몇 학년 때였을까. 왼손 검지와 엄지만을 펴고 나머지 세 손가락을 접은 채 연필로 그리라고 선생님이 말씀하셨다. 난 열심히 그렸다. 점점 형체를 갖추어가는 내 손을 바라보며 난 내 그림 솜씨가 자랑스럽고 무척이나 신통했다. 조금 통통하게 그려지긴 했지만, 그건 영락없는 내 왼손이었다. 나는 의기양양하게 스케치북을 들고 선생님 앞으로 나갔다. 그러나 선생님의 낯빛이 갑자기 흐려지셨다. 그리고 그 다음부터는 난 기억이 없다. 다만 그 후, 난 미술에 영 소질이 없는 아이가 되었고, 그렇게 어른이 되어갔다.

2009년으로 해가 바뀌어 새로 시작될 1학기 한문고전 시간표를 들여다보며, 금년엔 ≪맹자≫를 들을까 ≪해학≫ 공부를 할까, 이리저리 궁리를 하다가 불현듯 소질도 없으면서 늘 삶에 턱없는 무늬를 그려 넣으려 애를 쓰는 것 같은 내 자신이 안쓰럽고 초라하게 느껴졌다. 선생님의 안색을 흐리게 만들었던 데생 시간의 내 그림이 생각나기도 했다. 코바늘에 실을 꿰어 온 집안을 뜨개질로 덮어나가는 것을 시작으로, 칠보를 배우려고 이방자 여사가 계시던 낙선재를 들락거리고, 붓글씨를 쓴다고 먹칠로 칠갑을 하며 다녔다. 테니스장으로 골프장으로 쏘다녔는가 하면, 정신세계라는 말을 코에 걸고 글쓰기와 한시 교실에 쫓아 다녔다. 영어회화와 일본어 교실을 들락거렸는가 하면 또 아이의 전공이 불어인데 어미 된 자가 까막눈이면 안 되니까 하며 불어학원을 기웃거렸다. 그리고 지금 나는 한문고전 시간표를 앞에 놓고 고민하고 있는 것이다.

"호박에 줄을 긋는다고 호박이 수박되냐?"

어디선가 수군대는 소리가 들려오는 것 같기도 하다.

(2009. 2)

있어도 없는 사람

"일주일 쯤 마누라 혼자 여행 갔다고 생각하세요. 난 지금부터 없는 사람이에요."

무슨 큰 훈장이라도 흔들어 보이듯 현관을 들어서며 남편에게 큰소리로 말했다. 목 언저리에 수월찮게 돋아난 물사마귀를 피부과에서 제거하고 돌아오는 길이었다. 일주일 정도 물을 대지 말고 햇빛을 쐬지 말라는 의사의 말에 얌전하게 따르기로 했다. 세수를 하지 못할 것이니 자연히 바깥세상은 구경도 하지 못하게 될 것이다.

남편에게는 큰 소리를 쳐놓았지만, 슬그머니 겁이 났다. 요즈음의 내 생활은 곧 놓칠 듯 말듯하며 겨우 겨우 따라가는 박자이고 아슬아슬하게 간신히 맞춰가는 리듬인데, 갑자기 제 박자를 놓치고 엉겨버릴 내 일상의 리듬이 한편으로 두렵게 생각된 것이다.

그러나 이왕에 저지른 일이다. 그래, 나 스스로도 자신을 여행에 떠나보낸 셈 치자. 늘 여행을 할 적마다 그 기간만은 1년 365일 위에 신이 덤으로 얹어준 시간같이 느껴지지 않던가? 그리고 덤이란 것이 매양 그러하듯, 그 시간동안에는 아무 것도 하지 않아도 고질처럼 따라다니는 어떤 부채의식 같은 거에 시달리지 않을 수 있게 되지 않던가. 뭔가를 꼭 해야할 것 같은 강박감에서 자유로워질 수 있지 않았던가. 지난번의 역사탐방 일본여행도 일주일이 순식간에 지나가지 않던가? 책 몇 권 읽다 보면, 일주일은 금방 갈 것이다. 읽고 싶어서 방구석에 차곡차곡 쌓아 놓기만 하고도 읽지 못한 책이 얼마나 많은가? 핑계 김에 집안에 틀어박혀 실컷 읽어야겠다. 또 이 김에 진득하니 엉덩이 붙이고 앉아 수필도 두어 편 번역 해놓고 밀린 글도 좀 써놓아야겠다.

나이의 교활함이, 연륜이라는 지혜가 자신의 등을 끊임없이 토닥여주었다. 이럴 때, 나이란 정말 그럴듯한 원군이고 조언자이다. 그나저나 이렇게 생각하다보니 집안에 갇혀 있게 될 일주일을 나는 한 두어 달쯤으로 생각하는 듯했다. 피식 웃음이 나왔다.

삼십년 쯤 전의 일이다. 살고 있던 아파트 1층에서 불이 났다. 12월 말, 그것도 밤 열한 시를 넘긴 시각이었다. 평소에 난 방안이 건조한 것을 막으려고 욕실 문을 열어놓고 살다시피 했다. 그런데 아래층에서 불이 나면 아파트 욕실은 곧 굴뚝이 된다는 것을 난 알지 못했다. 그 굴뚝으로 꾸역꾸역 올라가던 시커먼 연기가 욕실문을 열어놓은 8층 우리 집 안으로 순식간에 마구 밀려들어왔다. 마침 시어른들이 올라와 계셨고, 아이는 유치원도 들어가기 전의 어린 나이였다. 망년회가 있어 남편은 아직 돌아오지 않고 있을 때였다. 순간적으로 난 옥상으로 피해야 한다고 생각했다. 각 방에서 식구들을 끌어내 현관문을 열고 계단으로 올려 보내고, 마지막으로 나도 집에서 나왔다. 그런데 올라가다보니 계단은 또 하나의 커다란 다른 굴뚝이 되어 있었다. 그리고 어느 순간엔가 나는 정신을 잃었다. 누군가에게 뺨을 몇 대 얻어맞고 깨어나 보니 나는 병원 응급실에 누워 있었다.

많은 시간이 지난 뒤 일상으로 돌아왔다. 온 집안에 달라붙은 검댕이들을 씻어내고 장롱 안의 이불속에까지 악착같이 비집고 들어간 검은 그을음 때문에 이불 빨래까지 모두 했다. 그리고 비로소 두 발을 쭉 뻗고 앉았을 때였다. 밝은 햇살이 남쪽 창문을 통해 내 발끝까지 거침없이 다가오고 있었다. 예전처럼 놀이터에서는 아이들이 떠드는 소리가 들려오고, 그 사이사이에 섞여 꼬리를 물고 달려가는 자동차들의 소리도 여전히 들려왔다. 병원이니, 그 뒤의 처리 문제니 하는 것으로 내가 비워두었던 동안에도 일상의 세월은 아무 것도 변한 것 없이 여전히 흘러가고 있었다. 어느 한 순간 멈추어 섰던 적도, 뒤돌아보는 적도 없이 어제처럼, 그제처럼 흐르고 있었다. 무언가에 혹독하게 버림을 받았다는 느낌이 심하게 내게 몰려왔다. 삶의 무대에서 쫓겨난 느낌이랄까, 신의 눈길 밖으로 밀려난 느낌이었다. 그 무대, 그 눈길 안에서 하나의 점으로도 보이지 않았을, 있어도 없었을 내 작은 몸 하나를 가지고 난 너무 크게 생각하며 주먹으로 공중에 대고 삿대질을 하고 있었던 것처럼 느껴졌다.

물사마귀를 제거하러 병원에 다녀온 지 엿새가 지났다.

물론 그동안 현관문 밖으로 나간 적이 없다. 그런데 오늘 아침, 진즉에 눈을 떴는데도 자리에서 일어나기가 싫었다. 난 없는 사람인데 뭘. 아침이고 뭐고 각자 알아서 해결할 일이다. 난 없는 사람이니까 의무 같은 거도 함께 없는 게 당연하다. 누가 뭐라는 것도 아닌데 침대 속에서 혼자서 구시렁대었다. 그런데 웬일인지, 병원에서 돌아와 "지금부터 난 없는 사람이에요." 하던 큰소리와는 달리 점점 목소리가 작아지고 있었다. 흔히 글을 맨 처음 쓰기 시작하는 사람에게, 혹은 골프 등의 어떤 스포츠에 입문하는 사람에게 선배가 되는 사람이 강조하는 말이 힘을 빼라는 것이다. 그 훈련이 첫 번째 단계라고 한다. 그러나 일상을 사는 건 글쓰기도 스포츠도 아니다.

있어도 없는 사람이라고 큰 소리쳐놓고 한없이 쓸쓸해지는 것은 무슨 심보인지 모르겠다.

(2009. 2)

예전엔 미처 몰랐어요 1

이틀 째 두통으로 아침잠이 깨었다. 새벽두통이라니, 저혈압이 다시 찾아온 것인가 짜증이 나려고 한다. 알든 모르든, 내가 느끼든 느끼지 못하든 모든 일에는 반드시 원인이 되는 까닭이나 이유가 있을 것이다. 차분히 마음을 다잡으려고 책상 앞에 앉았다.

컴컴한 벽장 속에 들어가 몇 날이고 나오지 말았으면 하는 생각을 할 때가 요즘 들어 잦아졌다. 살아가는 일이 내게 너무 어려운 문제라는 생각이 자주 든다는 이야기일 것이다. 아마도 어제 오늘 또 그런 것들이 두통이 되어 새벽잠을 깨웠을 것이다. 아무리 풀어도 답을 낼 수 없는 것, 그런 건 그대로 버려두고 컴컴한 벽장 속으로만 오늘따라 더욱 기어들어가고 싶다.

씨를 뿌리기 위해 흙을 갈아엎듯, 기회가 한번이라도 남아 있으면 좋으련만 하는 생각을 끊임없이 하게 된다. 그만큼 후회되는 일이 많다는 증거일 것이다. '그건 이랬어야 하는데, 그때 그 일은 이렇게 했어야 하는 데', 줄줄이 사탕처럼 딸려오는 것들에게서 시선을 돌려버리고 싶은 거다. 그러나 컴컴한 벽장 속으로 들어가 눈을 감는다고 그런 것들이 사라지는 것은 아니다. 스스로도 그런 나 자신이 몹시 애달프다.

나는 내가 이렇게 웃기는 사람인 줄 예전엔 정말 몰랐다. 나는 내가 조금은 이지적이며 냉정하고 쿨한, 스마트한 여자인 줄 알았다.

(2009. 2)

모두가 선생님

"우리들에게 오기 마련인, 그러고는 인생의 마지막까지 우리와 함께 머무르게 되는 그 영원한 무기력에 함몰되어 있었다."

금년 들어서 내내 무기력감에서 헤어나지 못하고 가족들은 물론 나 자신조차도 못살게 굴고 있다가, 스콧 피츠제럴드의 단편 ≪벤자민 버튼의 시간은 거꾸로 간다≫ 속에서 이 문장을 만나자 이것이 조금쯤 위안이 되었다. 나라는 사람은 참으로 웃기는 사람이다. 아주 조그만 일로 이렇게 음지와 양지를 오간다. 마음을 조금만 열고 주위를 둘러보면 세상 도처에 가르침이 있다는 것을 새삼 느낀다.

엊저녁 동네 목욕탕에서도 그랬다. 원래 사교성이 없는 성격이라서 동네 목욕탕엘 가도 꼭 사람이 가장 뜸한 시간에 가고 싶어 한다. 그래서 가장 자주 택하는 시간이 문 닫을 시간이 거의 다 되었을 때인데 어쩌다가 어제는 좀 이른 시간에 가게 되었다. 슈퍼 밑에 있는 그저 평범한 동네 목욕탕인데 들어서자, 늘 그러하듯 터줏대감 격인 단골들이 모여 앉아 격의 없이 각자의 목소리를 높이고 있는 중이었다. 세상일은 정말로 공평하다는 이야기들이 한창 오가고 있었다.

"우리 아파트 앞 동에 사는 할머니는 젊었을 적 손끝에 물 한 방울 묻히지 않고 고이 살았는데 지금은 보살핌을 받아야 할 나이에 아들 둘이 이혼을 하고 손자들을 끼고 들어와 그동안 쌓아두었던 재산 다 축내고 말도 못하게 고생을 하고 있어요."

한 여자의 이야기가 채 끝나기도 전에, 젊었을 적에 고생하던 사람이 늦 팔자가 좋아져 부러울 것 없이 살고 있다는 이야기들이 줄을 이었다. 하나 같이 '내가 잘 아는 사람'이거나 '우리 앞집'이라는 토가 달려 사뭇 구체적인 사실로 들렸다. '세상은 참말로 공평한 거야'라는 결론이 예서제서 튀어나오며 일단 그 화제는 수그러들었다. 그러나 목욕탕 속의 화제는 끊어지는 법이 없다. '오이지'를 담그는 새로운 방법에서부터 평양냉면은 어느 집이 진짜 메밀이고, 모란시장엘 가면 기름을 거의 반값에 짤 수 있다는 것까지 끝이 없다. 귀를 열면 들어두어야 할 것 투성이이다.

지난 16일 선종하신 김수환 추기경님께서는 나이가 들면서 서러운 것이 존경할 사람이 적어지는 것이라고 말씀하셨다고 한다. 그런데 나는 나이가 들면서 가장 서러운 것이 날이면 날마다 내가 작아지는 것을 느끼게 되는 것이다. 그리고 내가 더욱 작다고 느껴지는 날에는 밖으로 전혀 시선을 돌리지 못한다.

그런데 돌아보면 여기저기 모두가 선생님이다.

(2009. 2)

나는 왜 더 작아지는가

오늘은 이상한 날이었다.

맛있는 독일 맥주집이 있는데 흑맥주의 맛이 기막히다며 옥자씨가 팔을 끌었다. 미리 정해져 있는 일이 아니면 여간해서 하지 못하는 융통성 없는 성격인지라 다음 날로 미루어 놓았다. 그것이 오늘이었다. 그런데 오늘 아침에 친히 지내는 형님 한 분이 몇 사람이 모여 저녁을 함께 하자며 5층 회원클럽에서 만나자고 했다. 오늘이 그 형님의 생일이든가, 아니면 무슨 이름 붙은 날임이 분명했다.

그런데 결과적으로 난 오늘 아무 데도 가지 않았다. 어설픈 이유를 대었고 분명하지 못하게 얼버무린 채, 그 시간 테니스장에 머물러 있었다. 테니스장이 피난처가 된 셈이다. 난 무엇으로부터 피하고 싶은 것인가를 잠시 생각해보다가 형체도 분명하지 않은 음울한 그림자가 자꾸 내게로 다가오는 것 같아 도리질을 하며 테니스볼을 세차게 때렸다. 그런데도 음울함은 여전했다.

실컷 땀을 흘리고 내려오다가, 그제야 어렴풋이 알 것 같았다. 난 점점 참을성이 없어지고 있었던 것이다. 조금 거북해도 참고, 싫어도 참고, 하기 싫어도 잘도 참고 하던 많은 일들에서 자꾸 몸을 사리려고 한다. 예전에는 으레 참고 하던 일을 지금은 '하는 척'도 하지 않으려 한다. 여유가 없어졌다면 없어진 것이고, 편협해졌다면 편협해진 것이다. '혹시 나도 할 수 있을지 몰라'하던, 나 자신에 대한 기대가 '역시나'하며 모두 저만치로 물 건너간 이야기로 느껴지게 된 탓일 것이다. 아니, 이제 난 내가 '혹시라도' 그런 사람이기를 바랄 수 조차 없는 아주 작은 사람이라는 것을 확실히 알게 되어서 그럴 것이다. 그리고 또 내가 살아가는 동안 그것은 바뀌지 않는 것이라는 것도 이미 알아버린 것이다.

'나는 왜 작아지는가' 라는 노래가사에 '더'자가 중간에 보태진 채 종일토록 귓가에서 맴을 돌았다. 이다음에는 또 어떤 일이 나를 '더' 작아지게 할 것인가, 생각만으로도 몸이 오그라드는 느낌이다.

(2009. 2)

근육강화 운동

임금 왕王자 복근을 만드는 것이 대 유행이다. 복근만이 아니고 팔이나 다리에 보기 좋은 근육을 만들기 위해 땀을 뻘뻘 흘리며 운동을 하는 보통 사람들을 보는 것도 아주 자연스러운 일이 되었다. 몸이 곧 가치로서 대중에게 노출되어 있기 마련인 연예인들만의 이야기가 아니다. 하기야 수월찮이 나이를 먹은 나도 거의 1년 가까이 스포츠센터에서 상당한 시간을 쓰며 다리에 근육을 만들기 위해 땀을 흘리고 있다.

역시 신은 공평한 모양이다. '퇴행성관절염'이라는 것이 딱히 이쁠 것도 없는 나만을 비켜갈 리가 없다. 어김없이 그 증상들을 겪으며 일어설 때마다 끄응 끄응 하는 소리가 입에서 새어나왔다. 별 수 있겠는가. 남이 좋다는 대로 이 병원 저 병원, 이런 저런 약에 침을 맞는 일까지 두루 섭렵하고 결국 난 스포츠센터에서 근육강화 운동을 하기로 했다. 닳아 없어진 연골 대신 무릎 근육을 강화시켜 지탱을 하며 살아야 한다는 말을 고분고분하게 받아들이기로 한 것이다. 그리고 지난겨울을 그럭저럭 무사히 넘기고 나니 어느 정도 내 상황에 맞는 길을 가고 있다는 생각이 슬슬 든다. 자연히 우리 몸의 근육이라는 것에 대해 생각해 볼 기회가 많았다.

그러던 어느 날, 이케우치 오사무池內紀의 글 한편을 읽다가, 그 속의 한 대목에 이르러 나는 아픈 무릎을 탁! 소리가 나게 치고 말았다. 아침에 잠에서 깨어났는데 목이 돌아가지 않더라는 것이다. 오른쪽과 위쪽으로는 고개를 전혀 돌릴 수가 없고, 억지로 돌려 보려고 해도 너무 아파서 할 수가 없으며 팔을 짚고 간신히 일어서려는 데도 어깨에 심한 통증이 일더라는 것이다. 그래서 한동안 꼼짝하지 않고 어둠 속에서 몸에 대해서 생각을 해보게 되었다고 했다. 나이라는 것이 이제 확실히 자신의 몸에 자리를 잡고 눌러앉아버린 것이구나 하는 생각과 함께 불현듯 생각나는 게 있었다고 한다.

"정신이라는 것은 눈에 직접 보이지는 않으므로 어물어물 얼버무리며 자신을 속이고 넘어가기가 쉽지만, 몸은 그렇게 되지 않고 바로 겉으로 표시를 내는 모양이다. 나이가 들면서 몸에 확실하게 나타나는 이와 같은 참상이 정신 쪽에는 나타나지 않고 있다고 누가 보증을 할 수 있단 말인가."

그 대목을 읽으며 나는 한 번 만나 본 적도 없는 오사무씨에게 달려가 은근한 시선으로 그를 쳐다보며 악수라도 하고 싶은 심정이었다.

큰 소리로 떠벌릴 필요까지는 없는 일이지만, 나는 자생 능력이 없다. 부잣집 태생도 아닌데 왠지 난 그렇게 조용히 자랐고 또 그렇게 잔잔하게 살아왔다. 아니, 어쩌면 이건 순전히 성격 탓일 지도 모른다. 그런데 요즈음, 그 사실이 서럽도록 불안하고 황당한 소용돌이가 되어 마음을 마구 휘젓고 돌아다닐 때가 종종 있다. 혼자 서지 못하고 누구인가에 등을 기대는 습관이 옹이처럼 몸에 박혀 있는 나는 그 소용돌이를 가라앉히는 일이 너무 어렵고 생각할수록 또 서럽다. 그런데 걸핏하면 그 화살이 가족에게로 날아가는 것이 문제이다. 종로에서 뺨 맞고 한강에 돌 던지듯, 가족들에게 쇠된 소리를 해댄다. 정신의 연골이 다 닳아져 앙상하게 드러난 뼈끼리 부딪치는 소리가 커져 자꾸만 밖으로 새어나온다.

근육강화 운동은 겉으로 드러나는 신체에만 필요한 것이 아닐 것이다. 정신 이곳저곳에 뭉쳐 응어리가 지고 단단해져 있는 근육을 부드럽게 풀고, 거의 다 닳아 없어진 연골 대신에 나를 너끈히 지탱하며 살아낼 수 있는 보기 좋고 쓸모 있는 새로운 정신의 근육을 만들어줄, 정신의 스포츠센터 같은 거, 그런 거 뭐 어디 없을까?

(2009. 2)

낙원동 가는 길

올해도 낙원동 가는 길은 여전히 춥고 우울했다. 종로 2가에서 버스를 내려 신호등을 건너고 또 하나 건너 파고다공원의 낮은 담을 따라 가야만 한다. 가는 길에는 언제나처럼 오늘도 바람이 불고 있었다.

지난해에도 그 지난해에도 이곳을 오가는 길은 늘 추웠던 기억만 남아 있다. 이상하다. 한 여름 삼복 속에서도 이 길을 다녔건만 기억 속에는 동동거리는 추위만 있다. 풍동현상이 일어날 만큼 높은 건물들이 잇대어 있는 곳도 아닌데 이곳엔 늘 바람이 몰려 쏘다니며 나를 움츠러들게 했다. 군데군데 얼룩으로 남아 있는 지난 밤 취객들의 자취에서 풍겨나는 냄새 때문인지도 모르겠다. 아니면 공원의 담 밑 여기저기에 종이박스를 겹겹이 쌓아 놓고 그 위에서 아무렇게나 자신을 내던져놓고 잠들어 있는 모습들이 찬바람이 되어 지나가는 내 옷깃을 단단히 여미게 만드는지도 또한 모르겠다.

그런 모습을 피하려고 어떤 날은 인사동 길로 짐짓 들어섰다가 돌아 나오기도 하고, 또 어떤 날은 파고다 공원 앞을 지나 종로 3가 쪽으로 돌아가기도 한다. 그런데 이번에는 옹기종기 앉아 있는 머리 하얀 노인들 무리를 만나게 된다. 햇살이 희미하게 비쳐드는 담 밑 여기저기에 세 사람 네 사람 웅크리고 앉아 힘없는 눈길을 '아무 데도 아닌 곳'으로 던지고 있다. 그리고 어느 길로 지나가든, 그 길의 마지막에는 반드시 설설 끓고 있는 국밥 냄새와 시큰한 술 냄새가 적당히 섞여 배어있는 보도블록 위에 놓인 네모난 탁자 사이를 허리를 웅크린 채 숨을 들이마시고 지나가야 한다. 이쪽으로 가든 저쪽으로 가든, 삶의 끝에 서 있는 사람들을 만나게 되는 길이라는 생각을 매번 하게 된다.

3월부터 ≪논어≫가 다시 시작되었다.

분당, 그것도 아래쪽으로 맨 끝자락에 있는 우리 집에서 낙원동까지 다니는 것은 보통일이 아니다. 오가는 데 시간도 많이 걸릴뿐더러 교통편도 좋지가 않다. 게다가 10시에 시작하는 오전 강의에 대려면 8시 반에는 집을 나서야 한다. 이런저런 사정에 마음이 약해져서 내가 왜 힘들게? 할 때가 많지만, 무거운 발걸음으로 오늘 아침에도 꾸역꾸역 집을 나섰다. 아직 10여분이 남아 있는데 교실엔 30명 남짓한 사람들이 이미 자리를 차지

하고 앉아 있었다. 맨 끝자리에 엉덩이를 걸치고 실내를 둘러보니 반쯤은 이미 눈에 익은 머리 허연 모습들이다. 작년에도 재작년에도 거의 비슷한 자리에 앉아 있던 사람들이다. 이들도 또한 거의가 생의 끝에 서 있는 분들일 것이다. 그러나 무언가를 '골똘히 바라볼 곳'을 찾아 여기에 나와 계실 것이다.

이렇게 '골똘히 바라볼 곳'을 찾는 그들 흉내를 내며 몇 해가 또 지나고 나면, 파고다 공원 낮은 담을 끼고 낙원동으로 오는 춥고 쓸쓸한 길이 조금쯤 따스해지려나 하는 막연한 기대를 품어 본다. '아무 데도 아닌 곳을 그저 바라보기만 하는' 생의 끝에는 서고 싶지 않다.

(2009. 3)

꿈 2

나이가 수월찮은 나와 같은 여자도 아직 내일의 꿈을 꿀 자격이 있는 것일까? 하고 가끔 생각한다.

그러나 사실 자격이 있느냐 없느냐 하고 회의하는 것은 한순간이고, '꿈을 꾸지 않는 세월이란 이미 생명이 없는 것이다'하며, 그 자체에 의심을 품는 자신에게 눈을 흘기며 반박하는 짓을 되풀이하고 있다. 물론 어디까지나 이성적이고 냉정한 '나'일 때 그러하다.

요즈음 꿈들이 자꾸 내게서 뒷걸음을 치려고 하는 게 느껴진다. 그런데 현실에서는 손으로 아무리 잡아당겨도 따라오려는 기색이 없다가도 요것이 눈만 감으면 눈앞에 바짝 다가와 우뚝 서있다. 깨어 있을 때면 뒷걸음을 치고, 눈을 감으면 자꾸 다가오는 꿈, 그 둘 사이에서 시달리며 오늘도 난 무척 고단하다.

(2009. 3)

참냉잇국

"참냉이 씨앗을 한 줌 뿌렸더니 앞마당이 온통 냉이 밭이 되었어요. 향기가 다르니까 국 한번 끓여 드세요. 새봄의 향기예요."

테니스장으로 올라가려고 운동화 끈을 매고 있는데, 혜숙씨가 반색을 하며 검은 비닐봉지 하나를 꺼내 내밀었다. 건네주는 그녀의 손톱 밑이 거무스레하게 물들어 있다. 이제 슬슬 봄이 오려나? 하고 나는 게으른 기지개를 켜고 있었건만, 그녀의 손에는 이미 농사철이 시작되고 있었나 보다.

광주 시내를 조금 비껴 앉은 호젓한 산 밑에 그녀가 마당이 있는 집을 지은 것이 벌써 7, 8년은 되었을 것이다. 주말마다 그곳을 드나드는 것을 보면서 처음엔 정말로 들어가 살 셈인지 믿기지 않는 마음이었다. 그런데 재작년 여름이었던가? 숫제 서울 집을 정리하고 그곳으로 옮겨 앉았다는 이야기가 들렸다. 그곳에서 살기로 작정을 한 듯 했다. 듣고 보니 그러는 편이 그녀에게 여러모로 당연하다는 생각도 들었다. 무척이나 부지런한 분이다. 매사에 재바르고 분명하다.

씨 뿌리고 거름 주고 솎아내고 잡초 뽑고 또 거두어들이는 이 일련의 일들이 나로선 상상하는 것만으로도 엄두가 나지 않는 일이다. 비가 한소끔만 지나가도 잡초가 한 뼘씩 자란다는 이야기며 족집게와 비닐봉지를 들고나가 배추 잎에 붙어있는 벌레를 한 마리 한 마리 잡다 하늘을 보면 온 세상이 샛노랗더라는 이야기가 내게는 현기증이 불러오는 환청처럼 들려오기도 했다.

"힘들지 않아요?"하고 물었더니, 2백 평 남짓 되는 땅에 살림집이 한 자락 엉덩이 밑에 깔고 앉아 있고 그 나머지 땅이니 "뭐 손바닥만 해요."하는 말로 대신했다. 그리고는 갑자기 표정이 환하게 흐무러지더니 한 술을 더 떴다.

"그런데 무척 재미있어요. 땅을 비집고 아기 새끼손가락 같은 싹이 올라오는 것을 들여다보고 있으면 세상에 그렇게 예쁘고 신기할 수가 없어요."

농사일을 이야기하는 그녀와의 대화에는 늘 웃음이 섞여 있다. 나는 남의 문장 속 글 한 줄을 빌려다가 겨우 겨우 읊는 느낌으로 말을 하고, 그녀는 땅속에 발을 힘주어 묻고 펄펄 살아있는 느낌으로 말을 한다.

갓 솎아 낸 흙 묻은 열무 한 줌, 아릿한 맛이 배어나오는 보라색 가지 두어 개, 못생긴 풋고추 몇 개, 신문지에 돌돌 소중하게 말아 가지고 온 상추 몇 포기, 아기 머리만한 애호박 하나. 햇볕에 탄 거칠어진 손이 건네주는 것을 받고 돌아설 적마다 나는 왠지 나 자신이 괴물 모양을 닮은 우주인처럼 느껴지곤 했다.

부끄러운 이야기이지만, 사실 난 냉이에도 참냉이가 있는지 확실히 알지를 못했다. 아니 생각조차 해보지 않았었다. 참두릅, 참비름, 참나리, 참게, 참가자미, 참조기, 참오동, 참억새, 참죽나무, 등 '참'이라는 접두어가 붙은 말에서 느끼는 그 '부정할 수 없는 믿음성'이 냉이의 세계에도 역시 존재하고 있었던 것이다. 시간을 들여 정성스레 다듬어 슴슴하게 된장을 풀어 넣은 국을 떠 넣으며 그 깨달음이 무척이나 자신을 무색하게 만들었다.

이 세상 모든 것에 '참'과 '참이 아닌 것'의 구별은 애초부터 있었을 것이다. 내 좁은 시야와 짧은 사정거리, 거기에 어두운 귀로 말미암아 미처 알아채지 못하고 있었을 뿐이다. 그렇게 생각하고 보니, 이건 분명 낭패감 비슷한 감정이다. 지금껏 내 시야 저편, 내 기억 저 밖의 세상에서 내가 알지 못하는 어떤 일이 벌어져 왔으며, 또 지금도 여전히 계속 벌어지고 있는 것일까.

하기야 참이슬도 가게마다 슈퍼마다 쌓여 있고, 참말, 참뜻이라는 말도 흔히들 입에 올리지 않던가? 그뿐이 아니다. 참사랑,

참사람이라는 말도 겁 없이 하는 사람들은 또 얼마나 많던가. 내가 거기에 붉은 밑줄을 긋거나 방점을 찍지 않았을 뿐이다. 건성으로 책장을 펄럭펄럭 넘기고 있는 자신을 바라보듯, 불현듯 나 자신이 많이 낯설게 느껴진다.

혜숙씨를 보며, 자신을 행복하게 만드는 것은 바로 자기 자신일 뿐이라는 사실을 새삼스럽게 깨닫는다. 매일 매일 이렇게 잊었다가는 깨닫고 돌아서서는 또 다시 잊으며 산다. 봄은 언제나 나를 이렇게 허둥대게 만들어야 속이 시원한가 보다.

(2009. 3)

새벽 전화

언제나 새벽에 울리는 전화벨 소리에는 화들짝 놀라게 된다. 양쪽 집안에 살아계신 어른들이 아무도 계시지 않는 지금도 여전하다.

오늘 아침에도 그랬다. 놀란 가슴으로 벌떡 일어나 전화를 들었다.

"누님, 저예요."

로스앤젤레스에 살고 있는 동생이었다. 음성을 확인한 후, 그제야 침대 끝에 엉덩이를 붙였다. 간간히 안부 전화를 해오는 동생이다. 씩씩하고 건강하게 제 삶을 잘 꾸려가고 있어 기특하다는 생각을 종종 한다.

"누나, 저 담배를 끊기로 했어요."

안부가 몇 마디 오간 후, 조금 망설이는 투로 동생이 말했다. 담배를 피우지 않은 지 열흘쯤이 지났다고 했다. 좀 더 시간이 흐른 뒤에, 그 시도가 확실히 몸에 자리 잡은 후에 말을 하려고 했는데, 누나에게 말을 하고 싶어 좀이 쑤시더라고 했다.

지난 해 가을, 집안 산소의 이장 문제로 그가 이곳에 왔을 때 보니, 식사가 끝나면 동생은 슬며시 밖으로 빠져나가곤 했었다. 그 모습을 뻔히 보면서도 이제 60이 된 동생, 제 나름대로의 생각이 있으려니 하고 아무 말도 하지 못했다. 서로에게 이러쿵저러쿵 하기에는 우리 모두 각기 살아온 세월의 길이가 너무 길다는 생각에서였다.

"지난 15일이 제 생일이었잖아요? 환갑이니 회갑이니 하는 말이 그냥 있는 것은 아닌가 봐요. 아이들은 이해를 하지 못하겠다고 나를 이상하게 보는 듯 했지만, 생일을 앞두고 저는 기분이 많이 이상했어요. 막연하지만 제 인생에서 하나의 획이 그어지는 느낌 같은 것이었어요. 무언가 나 자신에게 뜻이 있는 일을 한 가지 하고 싶다는 생각이 들었지요. 담배를 끊자고 결심했어요. 아직 자신은 없지만, 그래도 견딜 만 해요."

동생이 그 말을 하는 동안, 나는 그의 말 틈새에 끼어들지 못해 안달이었다. 그보다 몇 해 먼저 이 세상에 나와, 그보다 쥐꼬리만큼 먼저 겪으며 주머니 속에 넣어 둔 일들을 주머니를 탈탈 소리 나게 털어 이야기 해주고 싶었다. 반주가 잘 맞았는지 동생의 말에는 어느덧 리듬이 실리고 덩달아 목소리도 커졌다.

"I will try."

불끈 쥐었음직한 그의 주먹이 보이는 듯 했다. 거기에 이 누나가 빠질 수 없다. 나도 한 마디 거침없이 보탰다.

"넌 틀림없이 해 낼 거야, 아자, 아자, 파이팅!"

(2009. 4)

상해 문학기행

생전 처음으로 〈문학기행〉이라는 걸 다녀왔다. 바라보는 것, 가리키는 것, 말하는 것, 등등이 비슷한 사람들끼리 하는 여정은 마음 편하고 행복한 것이었다. 〈문학기행〉이라는 걸 다녀왔으니 〈기행문〉이라는 걸 써야 한단다. 서툴지만 용기를 내어 시 한 편을 써보기로 했다.

〈풍경 1〉

홍구虹口공원

그곳은 커다란 무대
막은 이미 올라있었다

제 1막
느릿느릿 조용조용 그저 그렇게
기공인가 쿵푸인가 아침을 연다
예서제서 무리지어 따로 또 같이
구령소리도 호각소리도 들리지 않아
이어서 펼쳐지는 건 무도舞蹈의 광장
밀고 당기고 빙그르르 돌고 돌며
공원의 아침에 무늬를 넣는다
조금 더 가다보면 노래 연습장
음계도 박자도 내겐 먼 것이지만
마이크 잡은 손이 햇살 속에 바르르르
음악 소리 커지고 눈빛이 살아난다
아아, 그들에게도 표정이 있었나 보다

무언가를 만나러 누구인가를 만나러
사람 또 사람들이 오고 또 온다

제 2막
한껏 작아져 매정梅亭 앞에 서서
스물다섯 나이의 매헌梅軒을 만난다
조그만 유리상자 속 반듯 누워있는 도시락
알루미늄 흰 빛깔은 못다 이룬 꿈이런가
머언 먼 70여 년 전 사진 속 그 두 아이는
어디서 지금을 고이 살고 있을까
돌아 나오는 돌계단 밑 웅달진 기념품점
갓 지은 집 이층 벽에 걸려있던 자취들이
으스스 추위 타며 웅크리고 나와 있다
차마 다가가지 못하고 돌아서는 내 모양이
초라하고 서글퍼 하늘을 쳐다본다
내가 끌고 온 내 세월만이 아니고
지나간 세월은 모두 이렇듯 서러운 것인가 보다
지금도 여전한 세월의 강은
어느 구비 돌고 또 돌아나와
역사의 어느 페이지에 또 나를 부려 놓으려나

제 3막

"노신魯迅 동상이 여기 있었는데 어디로 갔지?"
가이드 얼굴에 먹구름이 끼었다
그녀의 시선 너머엔 빈 뜰만 가득
왼쪽 큰 마당에 대궐 같은 집을 짓고
노신은 이사 가고 햇살만 남아 있다
손가방 탈탈 털어내 검사를 받고
노신을 만나러 기 죽어 들어갔다
부잣집 너른 광 속을 눈 둥그렇게 돌고 돌아
더욱 더 기가 죽어 말 잊고 나오는 길
무심코 돌아보니 백화원百花園 하얀 뜰 옆
박선생님 큰 얼굴엔 함박꽃이 피어있다
노신을 못 만나고 그냥 돌아갈까 봐
웅얼웅얼 첫날부터 볼이 부어 있었다

마지막 제 4막

공항 가는 발걸음은 바쁘기만 한데
쌍절곤과 봉술 무대는 물이 한창 올랐다
더딘 발걸음은 더욱 더뎌 가는데
발목을 잡아끄는 게 또 하나 있다
팔뚝만한 붓 한 자루 길 위를 달리며
바가지의 물을 찍어 겅중겅중 글을 쓴다

아무렇지도 않게 생긴 검은 모자 아저씨
그 옆엔 또 한 자루 물병에 매단 붓이
시멘트 바닥 초서 위에 날개를 달고 있다
차마 밟지 못해 깨금발로 뛰어가다가
“종이에 쓰면 저게 다 돈인데.”
강선생님 한 마디에 까르르 무대 밖으로 뛰어 나왔다

<풍경 2>

성황각 가는 길

아리 라~앙 아리 라~앙 아라리~오
오산吳山 꼭대기 성황각 가는 길
아리랑 가락이 발길을 잡았다
용케도 알아본 거리의 악사일까
돌아보고 또 보아도
그럼직한 악사는 보이지 않고
남녀 한 무리 어우러져 춤을 춘다
아무렇지도 않게
사뭇 무덤덤하게
웃는 것도 우는 것도 아닌 얼굴로
무채색 옷깃 속에 삶의 무늴랑 여미어 두고
너울너울 훠얼훠얼 몸짓을 한다

아리 라~앙 아리 라~앙 아라리~오
주신周新의 성황묘로 오르는 길
아리랑 가락이 소매를 끈다

보고 또 보아도
그럼직한 무대는 보이지 않고
이국의 가락 속에 손을 맞잡고
바닷물처럼 일렁대는 사람들만 있다
아주 진지하게
사뭇 엄숙하게
배배 마른 남자 하나 반쯤 눈 감고
저 혼자 빈 손으로 돌고 있다
허허로이 한 귀퉁이에서 돌고 있다

(2009. 4)

5월은 가고

뒷산의 나무들이 포동포동 한창 살이 오르고 있다. 하루가 다르게 색깔은 푸르러지고 덩치도 커간다. 하나씩 자세히 들여다보아도 그렇거니와 조금이라도 바람이 부는 날, 아래서 먼 데 있는 산을 높이 올려다보면 그 풍만한 몸을 바람 따라 이리저리 뭉실뭉실 대며 출렁이고 있다. 갓 타서 펼쳐 놓은 거대한 연초록 솜이불 같기도 하다. 그 위에 아무리 육중한 것이 떨어져도 어디 한 군데 다칠 것 같지 않을 만큼 푹신해 보인다.

그렇게 아! 아! 하는 사이, 5월도 어느 새 초순이 지나고 중순으로 들어가고 있다.

부모노릇, 자식노릇, 이런 저런 사람노릇으로 5월은 늘 분주스럽고 빠르다. 거기에 음력 4월 초파일, 부처님 오신 날도 5월 초에 들어있다. 부처님 오신 날은 또 바로 어머니의 생신이기도 하다. 돌아가신 분의 생신은 챙기는 것이 아니라고들 하지만 그냥 지나가려해도 나는 그냥 지나갈 수가 도저히 없다. 딱히 내가 지극한 효녀라서가 아니다. 우리 집 바로 뒤에 천태종의 대광사가 웅장하게 들어와 있어, 미처 내가 의식도 하기 전인 한 달 전부터 집 앞 골목에까지 석 줄로 된 색색 등이 걸리고 밤마다 그 빛깔들이 제 주장들을 펴고 있어, 그것들이 무심한 나를 무심할 수 없게 만드는 것이다. 아니, 그 핑계로 더 오래 어머니를 생각할 수 있으니까 내가 복을 받은 것이라고 종종 생각하기도 한다.

중순으로 들어서자 이제 그 등들도 모두 거두어졌다. 어린이날도 어버이날도 진즉에 지나갔다.

이렇게 저렇게 이 찬란한 5월도 금세 지나갈 것이다.

(2009. 5)

기억의 이삭줍기

새벽에 잠이 깨어 바로 일어나지 않고 따스한 잠자리의 여열 속에서 눈만 뜬 채 가만히 있는 한 30분 정도 시간에 이상하게도 신통한 생각이 많이 난다. 어제까지 애를 먹이던 수수께끼 같던 문제들이 쉽게 풀리기도 하고, 갈피를 잡을 수 없던 일들에 순서가 매겨지는 일도 자주 있다.

'그래, 고등학교 때 무슨 백일장에서인가 나도 시를 써서 상을 탄 적이 있었어. 아마 2학년 때였지?'

오늘 아침에는 먼 어릴 적 기억의 한 자락이 불쑥 수면 위로 솟아올랐다. 그 기억의 사다리를 붙잡고 한참을 나는 기어 올라갔다.

'맞다! 그게 대한적십자사에서 주최한 것이었지? 무더운 여름날이었는데, 그게 어디였더라? 강가엔 하얀 자갈들이 햇빛에 반

사되어 눈을 뜰 수가 없었는데. 그래 맞아! 난 소나무에 관한 시를 썼어. 강가 한쪽으로 소나무가 울창한 숲이 있었어. 장원은 되지 못하고 그 다음 상을 탔었는데……'

그런데 기억의 사다리 타기는 거기까지였다. 더 이상 기억 속에서 나는 아무 것도 더 건져 올리지 못했다. 장원이 되지 못한 것을 확실하게 기억하는 걸 보면, 속으론 장원을 기대하고 있었나 보다. 근 4십여 년 가까이 흔적은 물론 기억 속에서조차 완전히 사라져 있던 것, 그것이 오늘 아침 신통하게도 생각이 난 것이다.

아마도 갑자기 그 일이 떠오른 건, 〈상해 문학기행〉을 다녀오고 그 행사를 주최한 동인들의 동인지에 실릴 글을 시의 형식을 빌어서 써 보내고 났더니, 내 마음이 여태껏 시의 세계 속에 머물러 있는 탓일 것이다.

그렇기는 하지만 40년도 더 전에 쓴 그 시는 이 세상에서 자취도 없이 사라진 것일까. 열여덟 살의 나는 그 안에서 무슨 이야기를 했을까. 가물가물한 기억의 사다리를 아무리 더 오르려 해도 졸업앨범 속의 입을 꾹 다문 무뚝뚝한 단발머리의 얼굴만 떠오를 뿐이다. 어릴 적 일을 뭉텅뭉텅 잘라내 잊어버리고 있는 내 재주(?)가 여기서도 유감없이 발휘되고 있는 것이다.

늘 이상하고 안타깝게 생각하는 것이지만, 나는 어린 날의 나에 대해 기억하는 게 몇 가지 밖에 없다. 부모님이나 선생님의 말씀에 크게 거역하는 일 없던 잘나지도 못나지도 않은 그저 그런 보통 아이, 부모님을 놀라게 한 적도 말썽을 피운 적도 없는 순둥이, 그렇게 자라난 것이 이유라면 이유일 수도 있을 것이라고 생각하기도 한다. 그러나 어른이 된 후, 텅 비어 있는 곳간을 돌아볼 때처럼 나는 때때로 그런 내가 허허로울 때가 많았다.

그런데 오늘 아침 문득, 그 허허로움을 그대로 놔두지 말고 커다란 앞치마 하나 허리에 둘러치고 기억의 이삭줍기에 나서 볼까 하는 생각이 든다.

내 인생, 이제 노을이다.

일하던 손을 멈추고 노을 속 들녘에서 기도를 하고 있는 밀레의 〈만종〉이 떠오른다.

(2009. 5)

참 잘했어요!

"이가 없으면 잇몸으로 살지 뭐."

종가집의 종부인데다가 남의 두 배만큼이나 자식을 둔 어머니는 어린 내 눈에도 늘 고단하신 듯 보였다. 그러나 아무리 급해도, 아무개야! 하며 우리들 이름을 부르는 목소리가 담을 넘지는 않았다. 그보다는 쉴 새 없이 늘 혼자서 움직이셨다. 그러다가 겹치고 겹치는 일의 틈바귀에서 기진하여 더 이상 어떻게도 할 수 없을 때면 돌아서시며 당신 자신에게 인지 누구에게 인지, 어머니는 그렇게 한 마디 하시는 것이 고작이었다.

그런데 신통하게도 오늘 아침 나는 그 말씀을 기억해내었다. 그리고 작정을 하고 어머니 흉내를 내보기로 했다.

"이가 없으면 잇몸으로 살지 뭐."

그러다보면 무언가 안개 속 길을 가는듯한 답답증에서 벗어날 것만 같았다. 나는 싸움터로 나서는 용사같이 가슴을 펴고 씩씩한 목소리로 내가 나를 칭찬해 주며, 내 손으로 내 머리를 쓰다듬어 주기로 했다. 이가 없으면 잇몸으로 살 구실을 만들면 되는 것이다.

아직도 테니스를 하고 있으니, 그만하면 건강관리 참 잘했어요. 심심하고 무료하다는 말 대신, 콩콩 거리면서 이방, 저방에서 읽을거리를 찾고 있으니 참 잘했어요. 허둥지둥 하며 때로는 짝짝이 양말을 신고 집을 빠져나가면서도 고전한문수업에 빠지지 않으려고 기를 쓰고 있으니 그것도 참 잘했어요.

아랫배는 불룩해도 티셔츠로 살짝 가린 옆구리 살은 아직 밖으로 드러나지 않고 있으니 그만하면 참 잘했어요. 음정도 박자도 제대로 맞추지 못하면서도 인순이의 〈거위의 꿈〉을 흥얼거리며, 아직도 '내겐 꿈이 있어요!'를 외치고 있으니 그것도 참 잘했어요. 남편도 건강하고 아이도 씩씩하니 그것 또한 참 잘했어요.

빨간 인주를 듬뿍 묻힌 도장으로 나는 예순 다섯 살 나에게, '참 잘했어요!'를 여섯 개나 꾹꾹 눌러 찍어주었다.

예쁠 것도 잘 날 것도 없으며, 은수저를 물고 태어나지도 못한 그저 보통 여자인 나. 5월 어느 비 개인 날, 턱없는 쓸쓸함에 울먹이다가 12년 전에 돌아가신 어머니에게 여쭈어 보았다.

엄마! 나, 참 잘했지요?

어머니는 빙그레 웃으실 뿐 말이 없으시다.

(2009. 5)

아! 김태길 선생님

그렇게 빨리 가시리라고는 생각지 못했다.

병원으로 옮기신 지 일주일 만인 5월 28일 밤에 운명을 하시고 오늘 장례를 마치고 왔다. 하루 전인 27일, 병원으로 찾아가 뵈온 것이 그나마 다행이라면 다행이다. 말씀은 하시지 못하셨지만, 침대에 다가가 "선생님 저예요."하고 인사를 드렸더니 고개를 끄덕이시며 가빠하시는 호흡 속에서 '어서 집에 가라'고 훠이훠이 손짓까지 하셨다.

이렇게 다 알아들으시고 의식도 있으신데, 아침나절에 젊은 의사가 들어와,

"고비이니, 준비를……."

이라는 말을 하고 갔다는 말을 듣고 막내 따님이 다가가,

"제가 가서 혼내 줄게요, 신출내기가 뭐를 안다고."

하며 일부러 큰 소리를 내며 어린아이 다독거리듯 말을 하자

빙그레 웃기까지 하셨다. 그리고 불과 몇 시간이 지났을 뿐이다. 죽음과 삶이라는 것이 이렇게 가까이에서 서로 등을 붙이고 있었는가 하는 생각이 든다.

철이 들면서, 아니 결혼을 하고부터 늘 의식 속에 계시던 어른이시다. 남편이 은사로 극진히 모셔온 탓에 덩달아 그리 되었을 것이다. 부모보다도, 장인 장모보다도 더 마음으로 남편은 선생님을 극진히 모시고 살아왔다. 같은 학자의 길을 가는 삶을 살아 온 것도 아니면서, 선생님 옆에 늘 있었던 셈이다.

"이제 정월 초하룻날 세배 드리러 갈 곳이 한 군데도 안 남았네."

뻥 뚫린 마음을 남편은 한 마디에 담았다.

언젠가 나는 선생님 앞에서 남편에 대한 불만을 이것저것 쏟아 놓은 적이 있었다. 언제나 선생님 앞에만 가면 온몸이 쪼그라드는 느낌으로 있었는데, 그날은 무슨 이야기 끝이었는지 모르겠다. 나는 친정아버지에게 어리광 부리는 심정이 되어 처음으로 미주알고주알 수다를 떨었다. 빙그레 듣고만 계시던 선생님이 내 말이 모두 끝나자 딱 한 마디를 내게 하셨다.

"그래도 그동안 잘 살아왔잖아요?"

더 이상 난 아무 말도 하지 못했다. 든든한 '빽'을 둔 남편이 부럽기도 했다.

옆에서 뵈 온 선생님은 참으로 행복한 분이시다.

생전에 이루신 학문이나 명예나 그런 것은 내가 섣불리 거론할 수도 없는 것이지만, 한 지아비로서, 한 아버지로서 가족들이 하는 이야기를 옆에서 듣고 있노라면 더 이상 따져볼 것도 없다.

"선생님은 평소에도 매사에 배려가 많은 분이예요. 돌아가실 때도 우리가 고생할까봐, 자리에 눕자마자 저렇게 빨리 가신 거예요."

"아버지, 아버지가 계셔서 제가 얼마나 떳떳하게 살았는데요. 또 이렇게 잘 살게 해주셨잖아요."

마지막 순간에 아내로부터, 자식으로부터 이런 이야기를 들을 수 있는 사람이 얼마나 될까 하는 생각을 해 본다. 그러고 보면, 죽음이라는 것은 본인 자신의 성품과 똑같은 모습으로 오는가 하는 생각도 든다. 선생님은 생전의 모습 그대로 가족에게까지 거북한 모습 하나 끝내 보이시지 않고 돌아올 수 없는 먼 길을 가셨다.

그런데 얼마쯤이 지나야 '이 세상에 계시지 않는 분'으로 인식이 될지 지금으로선 그저 벙벙할 뿐이다. 야속한 세월일까.

(2009. 5)

당신 뭐요?

언제였는지, 기억도 까마득하지만 우리는 여럿이 모여 이런 저런 이야기를 나누고 있었다. 이야기 끝에 종교에 관한 이야기가 나오고, 한동안 이야기가 진행되는 중에 그 중의 하나가 나에게 믿고 있는 종교가 무엇이냐고 물었다.

"어쩌다보니 부처님도, 예수님도, 천주님도, 하다못해 잡신도 절실하게 기구의 대상으로 삼지 못하고 살고 있어요."

나는 조금 기죽어 대답했다. 그러자 그가 뱉어 버리듯 한마디 했다.

"잘났어, 정말!"

그리고 지금껏 그 말은 내 의식에서 떠나지 않고 있다가 때때로 나를 두렵게 만든다.

그런데 그 말이 요즈음 들어 더욱 자주 의식의 수면 위로 떠오르고 있다. 이제야 철이 드는 것인지, 스스로의 오만함을 슬쩍슬쩍 눈치 채고 있는지 모를 일이다. 성격이 전혀 수더분하지도 못하고, 게다가 남달리 특별히 가진 것도 없으면서 왜 이런 오만이 내게서 둥지를 튼 것일까? 그리고 어째서 아직도 하늘을 찌르고 있는 것일까.

아주 오래전의 이야기이다. 30년도 더 되었을 것이다.

남편과 나는 아장아장하는 아이를 데리고 여행을 떠났다. 도고온천 쪽으로 가는 길이었다. 이야기를 하느라 그랬는지, 우린 아무도 '도로 포장 중'이라는 팻말을 보지 못했다. 아차! 했을 때, 이미 자동차는 포장 중인 도로 위에 턱하니 들어서 있었다. 어쩌겠는가, 남편은 그대로 액셀러레이터를 밟았다. 포장 중인 물렁물렁한 도로 위에 움푹하게 바퀴자국을 내며 지나가고 있는 자동차를 아저씨 한 분이 입을 쩍 벌린 채 어이없는 얼굴로 쳐다보고 있었다. 그러더니 겨우 한 마디를 했다.

"당신 뭐요?"

내 예상보다는 노기가 섞인 험한 말도, 핏대 섞인 목청도 아니었다. 그러나 그 말은 오랫동안 내 머리에 남아 있다. 그리고 살아가면서 때때로 너무나 기가 막혀 말이 나오지 않는 일이 생겨 남편과 실랑이를 할 때면 나는 곧잘 남편에게 소리쳤다.

"당신은 도대체 뭐예요?"

그런데 요즈음은 나 자신이 무엇인지 궁금하고 답답해질 때 거울속의 나를 보며 황당한 얼굴로 내게 묻는다.

"당신 뭐요?"

(2009. 6)

아무도 위로하지 않는 나를 위하여 1

아무도 위로하지 않는 나를 위하여 책상 앞에 앉아 하루 종일 놀기로 했다.

이것저것 책갈피를 톺다보니 속울음은 어디론가 자취를 감추고, 안온함이 그 대신 내 안에 시침 떼고 들어와 앉았다.

그래, 맞다! 예전에도 몇 번이나 그랬었다. 그런데 왜 자꾸 까맣게 잊고 목울음 그렁그렁 울리며 힘없이 거리를 오가는 걸까.

진즉에 그럴 것을, 또 한 번 후회를 한다.

아무도 위로하지 않는 나를 위하여 햇빛 밝은 테니스장에서 하루 종일 뛰기로 마음먹었다.

이리 뛰고 저리 뛰다보니 가슴에 얹힌 것은 어디론가 사라지고 그 대신 훌빈한 후련함이 가슴속에 들어와 앉았다.

그래, 맞다! 생각해 보면 30년을 너머 그랬었다. 그런데 어쩌자고 자꾸 또 잊고, 하릴없이 약병으로만 먼저 손이 가는 것일까.

굳어진 기억에 꿀밤 한 대 먹이며 남이 볼세라 흐르는 땀을 슬며시 닦았다.

아무도 위로하지 않는 나를 위하여 큰맘 먹고 돌아 앉아 발톱에 칠을 하기로 했다.

깎고 다듬어 빨갛게 칠하다 보니 까칠함은 어디론가 숨어버리고 그 대신 반짝이는 미소가 발톱 위에 사뿐히 내려와 앉았다.

그래, 맞다! 젊은 날에도 몇 번인가, 또 몇 번인가 그랬었다. 그런데 왜 자꾸 잊어버리고 나이 먹은 쓸쓸함에 가슴 시려 하는 것일까.

게으름에 눈 흘기며 계면쩍어 얼굴 붉힌 발가락을 살짝 쥐어 보았다.

아무도 위로하지 않는 나를 위하여 창 너머 먼 하늘을 보며 엄마를 불러보았다.

엄마! 엄마! 엄마!

그런데 단 세 마디로 더 이상 목을 타고 소리는 나오지 않고, 그 대신 두툼한 어머니의 손이 소리 없이 내 옆에 다가와 있었다.

그래, 맞다! 언제나 언제나 그랬었다. 내가 돌아보면 엄마는 늘 거기 내 옆에 계셨다. 그런데 왜 자꾸 잊어버리고 혼자인 듯 돌아서서 막막해 하는 걸까.

더는 잊지 말자고 새끼손가락을 구부려 마음에 걸었다.

"아무도 위로하지 않는 나를 위하여 시를 쓴다."는 〈서른, 잔치는 끝났다〉의 최영미 시인의 말을 떠올리며 나를 위로할 방법을 찾는다.

(2009. 6)

어디 용한 의사 없어요?

어제 진종일 비가 오더니 오늘은 유난스레 하늘이 맑다. 바람까지 부지런히 설렁대며 텁텁한 공기를 멀리로 날려 보내고 있는 것 같다.

이 좋은 계절에 비정상적이리만치 우울하고 짜증에 섞여 어제, 그제 그리고 오늘을 살고 있다.

딱히 눈에 띄게 달라진 상황도 아니건만, 햇빛이 밝은 날이면 밝은 대로, 흐린 날에는 흐린 대로 늘 재미가 없다. 어디 용하다는 의사 없을까? 기막히게 잘 듣는 처방이라도 한 장 얻었으면 싶다. 그러면 말 잘 듣는 아이처럼 나는 그대로 착실하게 따를 텐데 하는 생각뿐이다.

'위와 대장 내시경검사' 후, 체중이 조금 준 것이 원인일까. 도대체가 힘이 없고 나를 둘러싸고 있는 것 모두가 마음에 들지 않는다. 내시경 검사에서 장은 깨끗하다고 했다. 다만 위에서 작은 조각을 떼어내 검사한다고 했는데, 그것도 별 것 아닐 것이다. 오래전부터 내 위 속에는 폴립이라는 것이 두어 개 있었고, 양성이라서 괜찮다고 그랬었다. 전혀 걱정할 일이 아니다.

"지 인생, 지 마음에 드는 사람이 있겠어?"라는 말도 더 이상 위로가 되지 못한다.

어찌 생각해보면 난 아무래도 더 없이 오만한 인간인지도 모르겠다. 아니, 욕심이 지나친 사람일 게다. 애초에 금숟가락도 은숟가락도 물고 태어난 것도 아니며, 남다른 재주를 가지고 태어난 것도 아니면서 왜 이렇게 높다란 하늘 쪽을 바라보며 나는 왜 늘 고달파하는 것일까.

이쯤에서 나는 나 자신에게서 손을 털어야 하지 않을까 하는 생각도 든다. 그러나 그게 그렇게 되지가 않는다. 주식이나 펀드 같은 것에 투자를 했을 때, 손해가 난 듯싶어도 손을 털어야 한다고 판단이 서면 재빨리 털어야 한다고들 한다.

그런데 나는 주식도 펀드도 전혀 모르는데, 6월 푸른 하늘이 자꾸만 내게 손을 털라고 하는 것 같다.

(2009. 6)

지나가는 행인 1, 2

드라마나 영화 속에서 지나가는 사람으로 화면에 잠시 등장하는 사람들이 있다. 보는 입장에서는 의식조차 되지 않는, 소품이나 무대 장치의 하나라고 부를만한 사람들 말이다. 그런데 그들 본인들은 '나, 거기에 출연했다'고 크게 말을 할까? 하는 생각이 갑자기 들었다. 하다못해 '네!, 아니오!' 라는 외마디 대사도 없는 그런 사람들, 이름은 물론 없으며, 그저 '지나가는 행인 1, 2' 혹은 '구경꾼 1, 2'라고 표시를 한다고 하든가?

나는 정말로 한 아이의 엄마이고 한 남자의 아내인가? 나는 여자, 맞는가?

(2009. 6)

골목길

얼마 전 TV에서, 어느 외국인이 우리 산동네의 꼬불꼬불한 골목길을 너무 좋아해 자주 찾아가는 것을 방영한 적이 있다. 자동차는 물론 다닐 수도 없을 뿐더러 때로는 한쪽이 비켜서야만 지나갈 수 있을 만큼 좁은 골목길을 카메라가 비추고 있었다. 좁은 길 양 옆으로 한 뼘 틈도 없이 이어진 집에는 울타리 같은 것은 보이지도 않았다. 빨래를 널어놓은 빨랫줄이 담장 대신으로 서 있는 곳도 있다. 그 외국인의 발걸음을 시선으로 따라가다가, 왜 그렇게 골목길을 좋아하는지 묻고 싶어졌다. 그러나 나는 화면 밖에 있었다. 골목길이라는 말에는 쉽게 떨쳐버릴 수 없는, 간단하게 설명할 수 없는 애잔함이 서려있다.

'제주올레' 제1코스는 '오름'과 해안가 마을의 좁은 골목길이 적당히 섞여 있는 코스이다. 길을 안내하는 것은 오직 코발트블

루의 약간 구부러진 화살표나 노랑과 블루가 한 쌍으로 묶여 있는 리본뿐이다. 그들은 절대로 쉽게 눈에 띄지 않았다. 나무가 있는 곳에는 나뭇가지에, 없는 곳에는 전봇대에 슬며시 리본이 매어 있고, 그것도 없는 해안가 같은 곳에는 길바닥에, 그것마저도 여의치 않은 곳에는 바위 위에 숨은 듯 띄엄띄엄 파란색 화살표가 그려져 있다. 갈림길에 서면 걸음을 멈추고 일단 그 표시를 찾아야 한다. 정말로 길이 아닌 것 같은 해안 자갈밭 위를 오랫동안 걸어갈 때에도, 꾹 참고 다음 표시를 만날 때까지 앞으로 간다. 양쪽으로 무성하게 자라 있는 잡초가 종아리를 마구 할퀴는 좁은 산길을 지나가면서도 저쪽으로 나 있는 넓고 편안해 보이는 길을 곁눈으로 보며 아무래도 잘못 들어선 것이 아닌가 하는 의심이 들어도 두 발은 고집스럽게 앞으로 간다. '아무래도 이 길이 아닌가봐' 하다가도, '아까 분명히 화살표가 이쪽으로 있었다'라는 굳은 믿음이 앞서서 나를 이끌고 간다. '믿는다는 것'이 얼마나 사람을 흔들리지 않게 잡아주는가 하는 것이 절실히 느껴졌다.

산다는 것도 이런 것이 아닐까 하는 생각을 해본다.

끝이 보이지 않는 무수한 골목길을 돌고 또 돌아 나와야만 하는 것, 그것이 바로 삶이 아닐까. 한 고비를 지나면 또 만나는 숱한 갈림길에서 내 인생을 안내하는 리본이나 파란 화살표는 그렇게 호락호락하게 눈에 띄지 않는다. 그러나 조심조심 찾아보면 어디든 틀림없이 표지가 있기는 있었다는 생각이 든다. 덤벙대다가 그것을 보지 못하고 지나친 적도 있고, 건방을 떨며 하늘만 쳐다보다가 땅바닥에 그려진 화살표를 놓치는 일도 있었을 것이다. 그러다가 때로는 막다른 골목에 잘못 들어섰다가 돌아 나오는 일도 있었고, 엉뚱한 길로 접어들었다가 억울해 하며 되돌아오는 일도 있었다. 각자의 인생올레에서 도덕이나 부모님의 가르침이 파란 리본이 된 적도 있었을 것이고 예수님이나 부처님이 화살표가 된 적도 있었을 것이다. 어느 것이든 확실한 믿음으로 받아들일 때 발걸음을 활기차게 만들고 삶을 편안하게 느긋하게 만드는 것이 아닐까.

'올레'란 제주도 말로 집에서 거릿길까지 나가는 좁은 골목길을 의미한다고 한다.

(2009. 7)

아무도 위로하지 않는 나를 위하여 2

나를 마주하고 앉은 지 20여일이 지났다.

겉으로 드러난 이유는 엉뚱한 학술서적 한 권을 번역해달라는 청탁을 받았기 때문이었지만, 그건 핑계거리에 불과하고 나는 그저 바싹 마른 풀 더미가 뜨거운 태양 아래 졸고 있는 메마른 사막의 얼굴처럼 그렇게 까실하게 삭막해져 있었다.

컴퓨터 앞에 앉아 일을 하다가 돌아서서 거울을 보면 아침에 가지런히 빗어 핀을 꽂은 머리가 산발한 머리로 보이고 여기저기 툭툭 불거진 힘줄만이 꿈틀대는 얼굴이 거기서 성을 내고 있는 듯이 보였다. 아침에 반듯하게 핀을 꽂은 머리가 왜 산발한 것처럼 보이는 것일까? 나는 누구에게 화를 내고 있는 것이며 누구에게 삿대질을 하며 싸움을 걸고 있는 것일까. 나 자신에 대한 불만의 힘줄인가, 노여움의 힘줄인가, 나 자신이 힘겨운 절망의 힘줄인가.

이렇게 살려는 것이 아니었는데, 내가 생각하는 삶이란 게 이런 게 아니었는데, 하며 내 인생을 향해 자꾸만 눈을 흘기게 된다. 우린 모두 제 인생의 초보운전자일 터인데, 초보운전 딱지가 내게만 크게 달려 있는 채 세월이 이만큼 흘러도 떨어질 줄을 모르는 것 같다. 서툰 운전솜씨가 절망스럽다. 유독 나 혼자만이 길이 아닌 길로 어기적거리고 가는 것 같다.

아무도 위로하지 않는 나를 위하여, 오늘부터 나는 나에게 편지를 써야겠다는 생각을 해 본다.

(2009. 7)

예전엔 미처 몰랐어요 2

나는 그저 '오늘'이 가면 '내일'이 문을 열고 내게로 오는 줄 알았다.

그런데 60여년을 살았는데 아직도 내가 기다리는 '내일'은 문을 열고 내게로 오고 있는 기미가 없다.

얼마큼 더 살아야 나의 '내일'이 오는 것일까.

이러다 영영 내일이 오지 않을지도 모른다는 불안감이 때때로 내 안에서 자꾸 고개를 쳐든다. 그런데 '내일'이라고 이름 붙여 놓고 기다릴 세월의 길이는 점점 짧아지고 있다.

오늘 난 툇마루에 앉아 먼 산 바라보며 진종일 뭔가를 기다리고 있는 머리 허연 노파가 된 듯하다.

기다리고 또 기다리고 있는 나, 나는 그저 '오늘'이 가면 '내일'이 문을 열고 내게로 오는 줄 알았다.

나는 바보인가 보다.

(2009. 7)

매미소리

8월로 접어들자 갑자기 매미소리가 요란해졌다. 세상의 모든 소리들을 제압하듯 그악스럽게 울어댄다.

산기슭에 좁은 뒤뜰을 두고 있는 우리 집에서는 절대로 무시할 수 없는 소리이다. 안 들리는 척 식탁에서 이야기를 하고 있다가도, 조곤조곤 나지막한 이야기들이 나도 모르게 매미울음 속으로 흐트러져 들어가게 되어 이야기의 초점이 자꾸 흐려진다. 난 참으로 무식하기도 하다. 난 그 소리가 매미가 뜨거운 여름을 노래하는 환희의 합창인 줄 알았다. 그런데 그게 짝을 찾는 소리라고 아이가 가르쳐주었다. 짝을 찾을 때는 저렇게 기를 쓰고 목청을 높여 적극적으로 들이대야 하는 모양이다. 문득 사람이 자신이 원하는 것을 구할 때도 마찬가지일 것이라는 생각이 든다. 그리고 그때가 '오직 그것만을 생각하는' 가장 행복한 순간일 것이다.

“남들 기준으로 하면 늦었지만, 내 시간표로는 지금이 전성기예요, 이른 봄에 피는 꽃도 있지만, 가을에 피는 꽃도 있어요.”

이 말은 여행 전문가로 알려진 한비야가 쉰한 살에 새삼스럽게 미국유학을 떠나면서 남긴 말이다. 왠지 내게는 그가 자신이 원하는 것을 위해 가장 적극적으로 자신을 들이대는 사람인 듯 보인다. 그는 99%가 아닌, 100% 가슴 뛰는 일을 하며 살고 싶다고도 했다.

오늘 아침신문에서 눈에 들어온, 별 새로울 것도 없는 그 활자들이 자꾸만 눈에 어른거린다. 생각해 보니, 난 매미처럼 큰 소리로 울어보지도 못한 채 긴 세월을 산 것 같다. 들이대지도 못하면서, 그런대도 불구하고 요즈음 난 자꾸만 별 것도 아닌 것을 가지고 위로를 받고 싶어 한다. 이 나약함이 문득 애처롭다.

그악스러운 매미소리 흉내를 한 번 내 보면 어떨까.

(2009. 7)

덫 2

아침에 일어나 보니 커피가 반 넘어 남이 있는 머그잔이 식탁 위에 그대로 있었다. 커피는 바짝 졸아 든 한약 색깔이었다. 어제도 커피를 마시다 말고 딴 짓을 하다가 잊어버렸을 것이다. 번연히 마실 시간이 없는데도 커피를 끓인다.

"엄마, 커피 드실래요?"

아이가 물으면 백번 다 "물론!" 한다.

찻집에 들어가 커피 이외의 것을 주문한 적이 거의 없다. 그 옛날 담배꽁초 삶은 것 같은, 쓰고 새까맣기만 한 커피를 내놓는 곳에서도 그랬다. 거품이 살짝 얹혀있는 갓 내린 따끈한 커피를 내놓는 집이면 무조건 '그 집은 무지무지 음식을 잘 하는 집'이다.

나는 덫에 걸렸나 보다.

(2009. 8)

삶의 질

스포츠센터 라커룸 입구에서 오랜만에 정희씨를 만났다. 그녀는 몇 달 전 경미한 갑상선암 수술을 받은 후 회복기에 들어서 있었다.

"이제 괜찮지요?"

말주변이 없는 내가 고작 건넨 말이었다.

"삶의 질이 떨어졌어요."

남의 말 하듯 환하게 웃으며 그녀도 짧게 한 마디를 했다. 삶의 질이 떨어진 게 아니라 '높아졌어요'라고 말하는 듯한 활기였다. 잇몸이 드러날 듯 활짝 웃는 게 그의 평소의 트레이드마크이다. 그녀를 만나면 덩달아 매번 나도 활짝 웃게 되었다. 자칫 침울한 화제가 나올만한 대목에서 나온 환한 얼굴이 우리 주변을 에워싸고 있는 공기마저도 밝게 만들었다. 더 이상 아무런 말도 하지 않고 그가 나를 보며 또 한 번 환하게 웃었다. 나도 그를 보며 다시 또 웃었다. 우린 서로 완전히 소통한 느낌이었다.

그런데 돌아서서 신발장에 구두를 넣는데 무엇인가가 내 뒤통수를 잡아당기는 것이 있었다.

"삶의 질이 떨어졌어요."

그녀는 구체적으로 무엇을 말 한 것일까? 시간의 밀도가 낮아졌다는 것일까? 삶의 용액이 묽어졌다는 것일까?

현재 크게 아픈 곳은 없는 나, 과연 난 삶의 질을 떨어트리지 않고 잘 유지하고 있는 것인가?

(2009. 7)

말의 시민권

이민을 간 경우에 그 나라의 시민권을 따기 위해서는 몇 년간 그 나라를 떠나는 일이 없어야 한다고 한다. 세계화에 동반된 아이들의 교육문제가 걸려 있어 이제 이민은 적극적인 젊은 사람들 사이에서 저녁 메뉴 고르듯 그저 선택의 문제인 것 같다. 따라서 주변에서 심심찮게 시민권에 대한 이야기들이 들려온다. 그게 있어야만 그 나라의 의무도 권리도 행사할 수 있으며 진정한 그 나라사람이 되는 것이라고 한다.

주위에서 들려오는 새로운 말들에 낯설어 하는 일이 잦다. 긴 문장이나 말의 앞뒤를 뭉텅 잘라내고 짧게 줄여서 말하는 것을 대강 눈치로 때려서 아는 척 하다가, “지름신이 강림하셨다”, “짱이야!”, “내가 쏜다”, “엄친아”, “듣보잡이다”등의 말들이 활개를 치며 다니는 것에 익숙해지는 데에도 난 한참이나 걸렸다.

그런데 내가 겨우 익숙해질라치면, "에이, 그건 옛날 버전이야!" 하는 소리들이 들린다. 그러면 참을성이 없어진 나는 팩! 하고 돌아앉으며 심통을 부렸다.

"그런 거, 모르고 나는 그냥 살란다."

그런데 속속 생겨나는 새로운 버전을 무릅쓰고 마침내 국어사전에까지 올라가 있는 말들이 늘어나고 있다는 거에는 나이에 기대 그저 두 손 놓고 있을 수만은 없을 것 같은 생각이 종종 들었다. 명색이 '대한민국 문인협회'의 어엿한 회원이고, 글을 읽고 쓰는 일이 주된 생활인 터에 버젓이 시민권을 딴 말에서 어찌 고개를 돌리겠는가. 그 기능도 권리도 인정해야 할 것이다. 군소리를 할 여지가 없는 것이다.

어제는 이런 문제에 대해 이야기를 나누던 중에 전통문화교실의 이영호 교수가 한 말이 압권이었다.

"다른 땅에 이민을 와서 시민권을 따고 가장 출세한 단어가 무엇인지 아십니까? '여사女史'라는 말입니다. 본래 이 말은 '여자 기록관'을 뜻하는 '비칭어卑稱語'였는데 지금은 대통령 부인을 칭할 때 쓰이니 가장 출세를 한 말이지요. 진즉에 시민권을 땄으니 아무도 할 말이 없는 것입니다."

시민권은 따 놓고 볼 일인 모양이다.

(2009. 8)

바람막이

찬바람을 일으키며 휑하니 돌아서서 나가버리는 남편의 뒷모습을 바라보며 나는 한순간 어이가 없었다. 이내 눈물이 핑 돌았다.

칫, 그만한 일에 눈물이라니, 이런 일이 뭐 한 두 번인가?

마음속으로 꿍얼대 보았지만 속이 상한 것은 마찬가지다. 오늘 아침은 그놈의 바람막이가 문제였다.

어젯밤 별스런 재미도 없는 텔레비전 스위치를 이리저리 돌리고 앉았다가 잠자리에 든 것은 거의 한 시가 되었을 때였다. 자리에 눕긴 했어도 이미 때를 놓친 잠이 쉽게 오지 않아 한동안 뒤척이다가 간신히 잠이 들었다. 그런데 오늘 아침 한참 꿀맛처럼 달디 단 새벽잠 속에 있던 나를 깨운 건 남편의 쿵쾅거리는 발소리였다. 새벽녘이어서 그런지, 남편의 몸무게가 갑자기 늘었기 때문인지 남편의 발소리는 유달리 크게 들려왔다. 골프 가방을 챙기느라 부산한 것이 분명했다.

목욕탕 물소리, 옷장 문을 여닫는 소리, 부산하게 왔다 갔다 하는 발소리들이 점점 커져갔다. 그 낌새를 보아 남편은 틀림없이 '이래도 안 일어날 거야?'하며 일부러 더 큰 소리를 내고 있을 것이다. 본래 남편은 내가 늦게 잠자리에 들었건 어쨌건, 그런 걸 조금이라도 염두에 두는 성품이 아니다. 집안의 대주가 일어나는 기척이 있으면 새벽이든 한밤중이든 발딱 일어나서 도와주지 않고 침대 속에서 꼼짝도 않고 이불을 뒤집어쓰고 모른 척하고 있다니 괘씸하군! 내 언제 한번 혼을 내주리라 하고 마음속으로 벼르고 있다는 것쯤이야 훤히 알고도 남는 일이었다.

그러나 오늘따라 정말이지 일어나기가 싫었다. 마음 탓인지 몸은 침대 속으로 점점 더 기어들어가는 느낌이고, 무겁게 내려앉은 눈꺼풀도 도저히 열릴 것 같지가 않았다. 아마도 남편은 방이건 거실이건 목욕탕이 건 할 것 없이 그가 드나드는 곳마다 불을 대낮같이 환하게 켜놓고 다니고 있을 것이 분명하다. 이불을 머리끝까지 뒤집어쓰고 있어도 보고 있는 듯 훤했다. 이달 관리비 고지서에 불어날 전기료가 신경에 쓰이긴 했지만 눈을 질끈 감았다.

'흥, 될 대로 되라지! 바로 아래층에 사는 남자는 휴일날 골프라도 나가려면 행여나 아내가 깰세라 발꿈치도 살금살금, 문소

리도 가만가만 소리죽여 준비를 하고는,

"여보, 푹 자구료, 내 갔다가 일찍 오리다."

하며 이불까지 토닥거려주고 간다고 하드만, 이 사람은 도대체 어찌된 셈인지 이날 이때껏 마누라가 차렷, 준비! 자세로 있어야 속이 차는 사람이니, 참말이지 내 팔자도 여간한 팔자가 아니야 하는 설움 같은 것만 자꾸 가슴 속으로 치밀어 올라오는 것이었다.

'저이가 나갈 때까지 오늘은 정말로 일어나지 말아야지' 이불 속에서 감은 눈에 더욱 힘을 꾹 주며 나는 굳세게 버티고 있었다.

"여보, 내 바람막이 어디다 두었어? 날씨가 추워질 모양인데."

급기야 날이 선 남편의 목소리가 두툼한 이불솜을 뚫고 들어왔다. 이쯤 되면 못 들은 척 대꾸를 하지 않는다고 그냥 넘어갈 남편이 아니라는 걸 나는 너무 잘 알고 있었다. 무슨 벼락이 떨어질 줄 모른다. 마지못해 떫은 얼굴로 느릿느릿 일어나보니 남편 손에는 감색 바람막이 하나가 들려 있었다. 손에 들고 있는 것은 무엇이냐고 묻는 내 표정에,

"이건 움직일 때마다 서걱서걱 소리가 나서 못쓰겠어. 재작년엔가 흰색 바람막이를 새로 샀었잖아? 그게 소리가 안 나고 부드럽단 말이야."

"작년에도 한 번도 안 입은 걸 이 새벽에 갑자기 어디서 찾아요? 찾아보았자 흰색은 누렇게 변했을 거구 고무줄도 늘어나 입지도 못할 거예요."

당연히 목소리엔 짜증이 잔뜩 묻어나왔다. 순간 그 소리에 나 자신도 아차 싶었다. 마음속으로 찔끔했지만, 그러나 이미 엎질러진 물이었다. 남편이 그 눈치를 못 챘을 리가 없다. 벼락 치는 소리가 조용한 새벽을 울렸다. 결국 남편은 마음에 들지 않는다는 그 감색 바람막이를 가방 속에 아무렇게나 쑤셔 넣고 다시는 돌아오지 않을 사람처럼 쌩하니 찬바람을 일으키고 나갔다.

내려다보니 남편의 차가 사라져 간 주차장에는 아직도 어둠이 깔려 있었다. 쾅! 하고 부서질 듯한 소리를 내며 닫힌 문 앞에서 이마를 세게 찧은 듯 한동안 멍하니 서 있던 내 눈에 현관에 어지럽게 흐트러져 있는 신발들이 들어왔다.

"신을 벗어 놓을 때 가지런히 벗어 놓으라고 그만큼 일렀건만, 모두 이 모양이니, 죄다들 귀에 말뚝이라도 박았나? 신발은 또 왜 이렇게 많아, 문어도 아닌 주제에."

줄줄이 불평을 쏟아내면서도 나는 개 버릇 남 못주듯 허리를 구부려 신발들을 정리하기 시작했다. 그러나 정리하는 손놀림이 고을 리가 없다. 숫제 구석으로 냅다 집어던지는 형상이라고나 할까. 나는 종로에서 뺨맞고 한강물에 돌을 던지고 있었다.

바로 그때였다. 머릿속에 오래 된 기억 하나가 갑자기 생생하게 떠올랐다.

"여보! 당신 오늘 친구들 모임이 있다고 했잖아? 빨리 준비하고 다녀오도록 해!"

그것은 젊은 남편의 목소리였다.

새댁 시절 어느 날이었다. 모처럼 친구들과 약속이 있던 날, 하필이면 그날 아침 시어머님이 무슨 부탁인가를 하셨다. 나는 약속이 있다는 말을 차마 할 수가 없었다. 어쩔 줄 몰라 하며 당황해 하고 있었지만, 아는지 모르는지 남편은 입을 꾹 다물고 출근 채비만을 서두르고 있었다. 그리고 현관에서 신발을 신다가 아무렇지도 않게 큰 소리로 내게 그렇게 말했던 것이다. 아들이 출근하려는 것을 보시려고 마침 시어머님이 현관에 나와 계셨다. 그리고 그날 나는 가볍게 집을 나설 수가 있었다. 모처럼 새로 산 원피스를 차려입고 현관을 나서던 발걸음이 날아갈 듯 가벼웠다.

신발을 정리하던 손끝이 갑자기 부드러워졌다. 구두 발등에 얹혀있는 먼지도 눈에 뜨였다. 구둣솔을 집어 들고 싹싹 털어내 신발장에 넣었다. 남편이 나가버리면 다시 쏜살같이 침대 속으로 직행해서 늘어지게 잠을 자야지 하던, 퉁퉁 부르튼 마음도 이미 멀리 날아가고 없었다. 후딱 집안일을 해치우고 빨리 나가서 남편이 돌아오기 전에 근사한 바람막이를 하나 사놓아야지 하는 생각만이 머릿속에 가득 찼다. 그러고 보니 삶의 고비, 고비마다에서 남편은 언제나 풍성한 바람막이가 되어 준 것 같이 느껴지기도 했다.

"이제 나이도 어중간 하니 아예 빨간 것으로 하나 살까?"

마음은 이미 바람막이를 고르고 있었다.

"마음 약한 자여! 그대 이름은 여자이니라."
누군가의 큰 목소리가 귓가를 울렸다.

(1993. 1)

| 콩트 형식으로 쓴 수필 |

첫 번째 전화

불을 끄고 누웠지만 좀처럼 잠이 오지 않았다. 저녁나절 전화선을 타고 들려오던 목소리가 아직도 귀에 쟁쟁했다.

"여기는 ○○잡지사입니다. 신인상에 응모하셨지요? 수상자로 결정이 되셨습니다. 축하합니다."

그 뒷말이 무엇이었는지, 또 자신이 무어라 말을 했는지는 기억에 없다. 다만 자장면 두어 그릇 배달 온 사람처럼 그렇게 덤덤하게 말을 하던 전화기 속의 마른 음성만이 귓가에 남아 있었다.

'내 글이 정말 뽑힌 걸까? 혹시 무슨 착오라도 생긴 것이 아닐까? 나는 정말로 상을 받고 등단하여 작가가 되는 것일까?'

벌써 몇 시간이나 지났건만 아무래도 실감이 나지 않았다. 내 나이 올해로 마흔하고도 둘이다. 여고 이학년 때부터 다른 사람이 알게 모르게 마음속에서 물을 주며 키워 온 꿈이 이제 싹을 틔운 것이다. 문을 두드린 지 벌써 몇 해인가. 소설이 아니면 뭐 어떤가, 이제 시작이다. 거의 반쯤은 체념상태로 들어가 있었는데 이제 수상이라니!

아무래도 쉽게 잠이 들기는 틀린 것 같아 나는 일어나 방을 나왔다. 엊저녁에 축하한다고 어깨를 두드려준 가족들과 함께 떠들며 어질러 놓은 채 치우지 못하고 커다란 검은색 보자기를 뒤집어씌우듯 불만 꺼버리고 들어갔던 거실에는 사과조각, 귤껍질, 오징어 다리, 맥주잔과 팝콘 부스러기들이 그대로 흩어져 있었다.

"야야, 이자 그 입 좀 그만 다물그라. 내사 눈꼴이 시서 더 몬 보것다."

웃음기 머금은 남편의 목소리도 구석 어딘가에 남아 있는 것 같다. 발끝에 차이는 것을 발로 밀어 대강 치워놓고 의자에 앉았다. 말이 좋아 거실이지 바로 몇 시간 전까지만 해도 마흔두 살 먹은 내 불만의 진원지이었던 곳이다.

걸핏하면 내 자존심까지도 함께 꺼지게 만들던 스프링이 살짝 가라앉은 의자, 기미 낀 자신의 얼굴을 거울 속에서 보았을 때처럼 쳐다볼 때마다 부아를 돋우던 군데군데 칠이 벗겨진 응접탁자, 누런 얼굴에 두껍게 분 바르듯 덮개를 씌운 추레한 식탁, 모든 것들은 어제처럼 여전히 거기에 눌러 앉아 있었다.

그러나 이제 내겐 그런 것이 문제가 되지 않는다. 지금부터 내 이름 석 자 앞에 터억 붙어 다닐 작가라는 호칭. 외국의 어느 여배우가 사들였다는 물방울 모양의 다이아몬드인들 이보다 더

빛날 수 있을 것인가. 직접 본 적도 없고 만져본 적은 더더구나 없는 엄청난 고가의 보석을 나는 미련 없이 쓰레기통에 휙 하고 던져 버렸다.

며칠 뒤면 자신이 쓴 글이 실린 잡지가 서점마다 쫙 깔릴 것이다. 세상 사람들이, 앞집과 위 아래층에 사는 많은 사람들이,

“어머나, 이제 다시 봐야겠어요.”

하며 인사를 할 것이다. 아파트 단지 앞에서 가방이나 신발을 고쳐주며 할 일이 없을 때는 헌 잡지 나부랭이를 들고 있던 아저씨에게도 한 권을 건네주어야겠다.

“이게 정말 아주머니 맞아요?”

그도 굉장히 놀랠 것이다. 아니 그보다 더욱 신나는 것은 이제 고등학생이 되는 아이의 어머니 직업란에,

‘작가’라고 나는 버젓하게 쓸 일이다.

‘무직’

이라는 못생긴 글자를 쓰는 것보다 얼마나 더 근사할 것인가. 또 앉은뱅이책상을 앞에 놓고 쭈그리고 있는 나를 볼 때마다,

“이자 그만 좀 치아라, 언제까지 그래 궁상을 떨끼고?”

하며 걸핏하면 핀잔을 주던 남편에게 할 말이 생긴 것 또한 너무나 신나는 일이다.

이제 신년초의 그 어수선한 날들이 지나고 나면 여기저기서 원고 청탁이 들어올 것이다.

“엄마! 조금 전에 A문학잡지사라는데서 전화가 왔었어요. 안

계신다니까 한 시간 후에 다시 한다고 했어요."

마침내 한 문학잡지사로부터 나를 찾는 전화가 온 것은 한 달쯤이 지나서였다. 현관문을 열어주며 말을 전하는 아이의 상기된 얼굴은 백점짜리 시험지를 내보일 때를 닮아 있었다. 그만한 일이야, 이제 그다지 대수로운 일도 아니라는 듯이 나는 애써 태연한 척했지만, 두꺼운 코트 속에서 가슴은 이미 쿵쿵 소리를 내며 뛰고 있었다.

A문학지라면 국내에서 둘째가라면 서러워 할, 역사와 전통이 있는 문학잡지가 아닌가? 드디어 거기서 나를 눈여겨보았다는 사실이 꿈만 같았다. 거기에 한번 실리기만 해도 이미…… 나는 침을 꿀꺽 삼켰다.

'한 시간 후'는 참으로 긴 한 시간이었다. 정말로 다시 전화를 한다고 했느냐고 두 번째 아이에게 묻고 돌아서는데 과연 전화벨이 울렸다.

"권 선생님이십니까?"

무게 있는 점잖은 남자의 목소리였다. 나는 자신의 목소리가 체신 머리 없이 들뜨지 않도록 신경을 쓰며 의젓하게 대답을 했다.

"여기는 A문학지입니다. 이번에 정기구독 하나 부탁드리려고 전화드렸습니다."

나는 엉겁결에 손바닥으로 수화기를 틀어막으며 주위를 둘러보았다. 제 방으로 들어갔는지 다행히 아이는 옆에 없었다.

(1993. 2)

| 콩트 형식으로 쓴 수필 |

품위 유지비

"니는 쬐끄만기 뭐 그리 세상일에 궁금한 기 많노?"

석간신문에 코를 박고 있는 나를 아까부터 흘끔흘끔 보고 있던 남편이 마침내 던진 말이었다.

과일을 주든지, 차라도 한잔 끓여가지고 옆에 와서 이러쿵 저러쿵 새새거리지 않고 저녁을 먹은 지 벌써 한참이나 지났건만 내내 신문만 뒤적이고 있는 나에게 슬며시 심술이 난 모양이었다.

다른 때 같으면,

"당신은 내 나이가 몇인데 맨날 '쬐끄만기''쬐끄만기' 하는 거예요? 자, 얼굴에 이 주름 좀 보세요. 이 흰 머리카락은 또 어떻고요. 그렇다고 내 키가 작기를 한가, 원 세상에, 이제 애도 다 컸는데……."

하며 얼굴을 남편의 코밑에 바짝 들이밀고 발끈했을 터이지만 오늘따라 아무 말도 나오지 않았다.

남편의 말은 전혀 들리지도 않는 듯 꼼짝 않고 시선을 신문지 위에 박아놓고 있었다. 아니 시선을 신문지 위에 박아 놓았다기보다 코와 눈이 신문지 위에 거의 닿아 있었다. 걸핏하면 남편이,

"그 눈이 장식품이지 어디 눈이가?"

하며 놀릴 정도로 눈이 나쁜 탓도 있지만 신경 끝을 확 잡아당기는 단어를 기사 중에서 발견했기 때문이었다.

'품위 유지비'

그것은 새로운 대통령의 취임식에 관련된 기사 속에 들어 있는 말이었다. 정치에 관한 이야기에는 아예 외면을 하는 내가 대통령의 취임식이라고 해서 뭐 쥐뿔 나게 시시콜콜 궁금한 것이 많은 것은 아니었다. 매일 저녁의 습관대로 신문을 설렁설렁 읽어 내려가다가 퇴임한 대통령들에게 국가가 어떻게 예우를 하는가 하는 부분에서 그 단어를 발견한 것이었다.

그 액수가 얼마인지, 그런 것이 궁금한 것이 아니었다. 그 말이 밥을 주는 것도 남편의 봉급을 올려주는 것도, 더더구나 아이의 성적을 올려주는 것은 아니었지만 그 말을 발견한 순간 마음이 갑자기 환히 밝아오는 것을 느꼈다

'품위'라는 단어는 내가 가장 좋아하는 말 가운데 하나이다. 외출준비를 하고 현관을 나서는 아이의 뒤통수에 대고 걸핏하면,

"항상 품위 있게 행동해야 한다."

하고, 씨알도 먹히지 않을 줄 뻔히 알면서도 지껄이기 일쑤였

고, 남편이 술이라도 한잔 걸치고 들어온 날은 혹시나 밖에서 품위를 떨어트릴 짓이나 하지 않았는가 싶어 괜스레 속을 끓이기도 했었다.

"늙는 것은 어쩔 수 없겠지만, 어떻게 하면 품위 있게 늙을 수 있을까?"

하는 생각을 나는 요즘 들어 가장 자주 하고 있었다. 멋있고 예쁜 사람을 만났을 때보다 품위가 있다고 여겨지는 사람을 만난 날 턱없이 기분이 좋아지기도 했고, 한편으로는 기가 죽기도 했었다.

·

보던 신문을 남편에게 슬며시 건네주고 나는 부엌으로 가서 사과 한 접시를 담아가지고 와서 남편 옆에 앉았다. 그리고 남편에게 은근한 목소리로 말했다.

"여보, 가만히 생각해보니까 나도 이제 품위 유지비가 필요한 나이가 된 것 같아요. 내 품위 유지비를 따로 좀 주셔야 하는 거 아니에요?"

남편이 말없이 흘낏 나를 한번 쳐다보았다. 오래 살다보니 참 말이지 별 일도 다 있군, 하는 표정으로 사과 한쪽을 집어 입에 넣고는 다시 읽고 있던 신문으로 시선을 거두어 갔다.

'피이, 사람 말이 말 같지 않아요? 왜 대꾸가 없어요?' 그러나 그 말은 삐죽거리는 심정이 입속에서만 우물거리다가 삼킬 뿐 입 밖으로 나오지 않았다. 그것은 다만 까마득한 이상, 오로지 희망사항일 뿐이라는 것을 누구보다도 나 자신이 잘 알고 있었기 때문이었다.

'그렇다고 돈 안 드는 꿈도 못 꾸어보나 뭐!'

한창 신나는 꿈을 꾸고 있는데 누가 옆에서 흔들어 깨우는 바람에 그 꿈이 달아나 버렸을 때처럼 아쉽고 서운해서 삐죽거려지는 심정은 좀처럼 사라지지를 않았다.

이튿날, 퇴근을 해서 집으로 들어선 남편이 안주머니에서 사각봉투를 하나 꺼내 나에게 내밀었다. 아무런 설명이 없는지라 선뜻 받지를 못하고 우물쭈물하며 남편 얼굴을 먼저 쳐다보았다.

"빨리 받그라. 이게 이달 니 품위 유지비인기라."

남편의 얼굴에는 빙긋 미소까지 번져있었지만 나는 도저히 믿을 수가 없었다. 원래 말수가 적고 무뚝뚝하기 그지없는 사람이기는 하다. 그러나 어제는 일언반구 아무런 반응도 하지 않아 남의 속을 그렇게 뒤집어 놓더니 이렇게 봉투까지? 눈가에 뜨거운 김이 훅 하고 느껴지는 것을 힘주어 억누르며 나는 봉투를 열었다. 만 원권 석 장이 얌전히 들어 있었다. 그것을 확인한 순간 나는 그것들을 봉투 속에 아무렇게나 도로 꾸겨 넣었다. 그리고 힘껏 남편 앞에 그것을 내동댕이치려는 순간이었다. 눈에 익은 납작납작한 남편의 글씨가 쓰인 메모지 한 장이 발밑에 툭 떨어졌다.

"이것이 당신의 5월분 품위 유지비임. 마음에 차지 않을 것이라는 거 나도 익히 알고 있음. 그러나 이거면 책 두어 권과 새 앞치마 하나쯤은 살 수 있다고 사료됨. 역사책이든 소설책이든 책에 사로잡힌 당신과, 인스턴트가 아닌 정성이 담긴 음식을 만들고 있는 앞치마 두른 당신을 기대함. 품위라는 것은 스스로 높여야 하는 것이라고 나는 생각함. 물론 당신이 높은 품위를 유지하는 거에 난 두 손들어 절대로 찬성함. 당신의 사랑하는 남편 씀."

(1993. 5)

동행

그렇잖아도 마른 잎 몇 장이 간신히 매달려 않던 나무 등걸이 어제 내린 비에 완전히 알몸이 되었습니다. 편지를 쓰고 싶어 이른 새벽, 잠에서 깨어났습니다. 작은 산자락이 눈앞에 다가와 있는 책상 앞에 앉아 유리창 너머로 아직도 새벽잠에 취해 있는 낮은 산을 보고 있는 내가 무척이나 운이 좋은 사람인 듯 느껴지는 날입니다. 편지라는 걸 생각나게 해 주어 더욱 더 그렇답니다.

어제는 정말 행복했습니다.

'겨울바다로의 초대'라고 당신은 말했지만, 그 말은 내게 '겨울바다의 유혹'으로 들렸습니다. 휴대폰 속으로 들려온 말이 아니었더라면, 난 그저 꽉 당신 손을 쥐었을 것입니다. 달력 속에 얼기설기 짜놓았던 기존의 약속을 지우개로 몽땅 지워버리고, 부산행 열치를 탈까하고 한동안 고민했습니다. 마음속으로 열

두 번도 더 부산으로 가는 열차를 오르락내리락 하며, 어스름이 스며드는 한겨울 바다 풍경을 눈에 그리고 또 그렸습니다. 당신의 그 초대가 까맣게 잊고 지내면서도, 잊은 것조차도 알지 못하는 많은 것을 생각나게 해주었습니다. 까닭도 없이 하루 종일 신이 났습니다. 당신은 참으로 사람을 행복하게 만들 줄 아는 사람입니다.

지난여름 어느 날이던가요?

당신이 미국으로 떠나기 며칠 전, 우리는 처음으로 말문을 텄습니다. 그때 그 말들이 소중하게 생각되어 일기처럼 적어두었던 것이 생각났습니다. 부리나케 찾아보았지요. 2008년 7월 19일 날짜가 붙어 있었습니다. 신통하게도 'Thank you, so much'라는 제목을 붙여 놓았더군요.

나는 '나'로 살고 싶은데 그게 잘 되지 않는다고 당신이 말을 꺼냈습니다. '나'로 살고 싶은 '나'가 어떤 '나'인데요? 하고 내가 물었지요. 지금 그대가 바로 그대의 '나'로 살고 있는 것처럼 느껴져요, 하며 당신이 다시 말했습니다. 순간 훅! 하고 나는 숨을 들이마셨습니다. 뜨거운 공기가 가슴 가득 터질듯 밀려들어왔지요.

생각해 보면, 참으로 우스운 일입니다. 그나마 대화라는 이름을 붙일만한 이야기를 처음으로 나눈 곳이 하필이면 섭씨 백도가 가까운 사우나 안에서라니요.

글을 끄적거리고 있는 것이 무슨 큰 능력이라도 되는 듯, 생각을 글로 표현할 수 있는 것을 당신은 부러워했고 나는 내가 부러움의 대상이 될 수 있다는 것에 계속 당황하며 의아해했습니다. 당신은 그것을 탤런트라는 말로 표현했지요.

"좋은 것을 보아도 슬픈 것을 보아도 그저 아아! 아! 아! 세 마디면 난 끝이에요. 더 이상 아무 말도 하지를 못해요."

솔직하게 하는 말이 정겹게 들렸습니다. 그건 트레이닝을 하기에 달린 거라고, 생각을 문자로 바꿔보는 연습을 계속해서 하면 될 것이라고 난 땀을 뻘뻘 흘리며 열심히 대답했습니다. 지금 와서 생각해보니, 온 몸에서 땀이 뚝뚝 떨어진 것은 사우나 속의 열기만은 아니었던 것 같은 느낌입니다.

그동안 서로 '이름도 몰라요, 성도 몰라'로 지내다가 불과 얼마 전에야 다른 사람들과 나누는 이야기 속에서 당신이 미국 시민권자이고 일 년에 몇 달 정도 서울에 머무는 생활을 하고 있다는 것을 지나가는 바람소리처럼 알게 되었습니다. 무뚝뚝하리만치 남에게 무심한 나는 평소 그다지 남에 대해 알려고도 하지 않을뿐더러, 스스로 사교성이 전혀 없다고 생각하고 있었으므로 새로운 사람을 사귀는 일 같은 건 너무 어려운 일이라고 생각하고 있었지요. 지레 겁을 먹고 외면하는 편이었습니다. 때로는 너무 나약한 생활방식이 아닌가, 폐쇄된 답답한 스타일이 아닌가, 하고 자신을 나무라는 심정이 이는 날도 있었지만 그런 생각이 들 때마다 나는 늘 '난 내 깜냥을 잘 아니까'하는 말로 나 자신을 두둔해 왔었습니다.

그런데 딱히 무슨 이유인지는 모르지만, 어느 날 문득 나는 나로서는 대단한 모험을 한 것입니다. 내 책을 당신에게 준 것입니다. 무슨 일에나 지나칠 정도로 어려움을 타는 나로서는 꽤나 큰 사건이었습니다.

그리고 오늘, 당신이 내게 말했습니다. 8월 1일에 뉴저지에 있는 집으로 돌아가는데, 그 이후에 언제라도 미국 당신 집에 와서 한 달만 머무르라는 것이었습니다. 그 자연과 환경을 한 달만이라도 빌려서 내게 몽땅 안겨주고 싶다고 했습니다.

두둥실 구름 위를 걷는다면 바로 이런 느낌일까? 하고 생각했습니다. 남에게 이런 제안을 할 수 있는 적극적이고 긍정적인 당신의 삶의 자세가 무척이나 부러웠습니다. 그런 제안은 아무나 할 수 있는 일이 아닙니다. 내 정신세계엔 걸그적거리는 것들이 너무 많아 꿈속에서조차 불가능한 일이랍니다. 아니 나뿐만이 아닐 것입니다. 그것이 어려운 일이라는 건 하늘이 알고 있고, 또 우리가 살아 온 숱한 세월이 가르쳐주었습니다.

비가 오는 날, 정말로 맛있는 커피 한 잔 같이 마시고 싶다고 당신이 다시 말했습니다. 비가 오는 날 수제비라도 한 그릇 같이 먹고 싶은, 그런 심정은 아니라고 표현했지요. 아무리 맛이 있는 곳일지라도 식사하며 이야기를 하고 싶은 그런 심정은 더 더욱 아니라고도 했습니다. 그런데 거기에 웃으며 내가 한 술을 더 떴습니다.

"그런 날, 편안한 곳에서 술 한 잔 함께 해야지요, 홋홋."

어쩐지 내가 행복한 여자인 것처럼 느껴진 날이었습니다. 살다보니 이런 날도 다 있구나 하는 심정이었습니다. 남을 행복하게 해줄 수 있는 건 자유로운 영혼을 지닌 사람, 맑은 심성을 지닌 사람뿐이라고 생각했습니다.

겨울 바다를 바라보며 앉아 있을 당신에게 박수를 보냅니다. 마음속으로 당신의 동행이 되어 당신의 눈에 비친 2008년 12월의 저무는 겨울바다를 함께 바라보고 있을 것입니다.

Von Voyage! 좋은 여행되세요!

(2008. 12)

| 편지 형식으로 쓴 수필 |

눈금이 같은 자尺

"왜 그렇게 왕창 바가지 쓴 얼굴이에요?"

눈이 동그랗고 예쁜 그 회원의 표현은 얼마나 절묘했습니까. 나는 기껏, '왜 저렇게 복잡하고 우울한 얼굴일까?'하는 생각을 하던 참이었습니다. 그 회원의 말대로 당신은 그렇게 몹시 당황스럽고 황당한 얼굴이었습니다.

띄엄띄엄 조심스럽게 당신 입에서 흘러나온 이야기를 재구성해보면, 당신은 자기 자신이 있고 싶지 않은 자리에 있게 되었고 끝내는 이것이 아니다 싶어 거짓말을 얼버무리고 그 자리에서 나왔다는 것이었습니다. 점심식사가 끝나자 바로 그 자리에서, 저쪽 테이블에는 다른 손님도 있었는데 half-swing이 시작되더라는 것이었어요. 그것도 오픈된 공간이어서 더욱 이건 아니다 싶었다지요? 있지도 않은 약속을 둘러대고 그 자리를 빠져나왔는데 그 일행 중 한 명을 다시 이곳에서 발견하고는 그를 피해 집으로 돌아가려다 우리를 보고 안으로 들어왔다고 당신이 말했습니다. 죄를 진 것만 같아 몸 둘 바를 모르겠다고 울상이었습니다.

그런데 혹시 기억나나요?

지난달에도 이와 비슷한 일이 당신에게 또 있었습니다. 그때도 당신은 몹시 낭패스럽고 지친 얼굴이었습니다. 3층 로비에서 만난 것이 5시 조금 전이었을 거예요. 그렇지 않아도 평소 핏기 없는 얼굴이라 여겼었는데, 그날따라 당신의 얼굴은 이리 치이고 저리 치여 허옇게 바랜 빛깔이었습니다.

"남편이 집에 있다는데도 자꾸 불러내는 바람에 점심 때 따라 나왔다가 지금에야 왔어요. 나는 전혀 관심도 없는 것에 대한 설명회라는 것이었는데, 어떤 호화로운 호텔에서 스테이크 정식의 풀코스가 나오는 자리였어요. 그런데 그 자리에 앉아 있는 나 자신이 너무 싫었어요. 이런 자리에 나는 왜 앉아 있는 걸까? 우울해 미칠 것 같았어요."

울기 직전의 얼굴이었습니다. 바람 빠진 풍선처럼 어깨가 축 늘어져 있었습니다. 돌아서는 당신의 축 처진 등을 바라보며 당신을 이토록 녹초가 되게 만든 당신 속의 그 샌드백의 정체가 어렴풋이 보이는 듯 했습니다.

그런데 내가 오늘 다시 당신에게 편지를 쓰는 것은 지난 토요일, 그러니까 당신이 '바가지를 왕창 쓴 것 같은 얼굴'을 하고 있던 날, 내가 너무 잘난 척 을 했구나 하는 후회가 들었기 때문입니다. 그런 생각이 머리를 스치며 엊저녁 잠을 설치고, 아침에 일어나 편지를 써야겠다고 생각했습니다.

나는 아주 큰소리로 말했습니다. 사뭇 큰 어른 같은 어투였을 것입니다.

"왜 자기 자신을 그런 상황으로까지 몰고 가는 거예요? 미리 보더라인을 정해놓고 자기 방어를 했어야지요."

후훗! 이 얼마나 기고만장하고 얼굴 간지러운 이야기입니까?

나 자신도 실행하지 못하는 이야기를 큰 소리로 떠벌리다니요? 허지만 이해해줄 수 있나요? 자기 자신이 원하면서도 그렇게 하지 못하므로, 그런 비슷한 이야기를 들었을 때 순간적으로 더욱 욱! 하는 심정이 된다는 거 말입니다. 내 손으로 뒤통수에 꿀밤을 세게 먹이는 심정이었습니다. '바가지를 왕창 쓴 것 같은 날들'이 내겐들 왜 없었겠습니까?

지난달 '형님'의 5층 저녁모임 초대가 있었지요? 처음 그 형님의 전화를 받았을 때 나는 그 자리에서 바로 가지 못한다는 이야기를 하지 못했습니다. 그랬으면 오죽이나 좋았으련만, 미처 말이 나오지 않았던 것입니다. 일 년에 한 번씩 친구와 아우들 6, 7십 명을 불러 모아 호기 있게 한 턱을 쓰는, 건강한 그 형님만의 삶의 방식을 전혀 짐작 못하는 바가 아니었기 때문입니다. 한 때는 그런 용기가 부럽기도 했습니다. 설령, 돈이라는 것이 내 손에 넘치게 있어도 나 같은 사람은 절대로 내지 못하는 그런 용기라고 생각했습니다. 그래서 갈 수 없다는 핑계를 바로 둘러대지도 못한 것일 것입니다. 바보처럼 우물우물 하다 말았지요. 그래도 이번에는 가지 않겠다고 진즉에 마음속에 결정해 놓았습니다.

요즘 들어 내가 제일 싫어하는 일 가운데 하나가 나이 먹은 것을 무슨 벼슬처럼 들먹이며 말하는 것입니다. 그런데 오늘 나는 또 어쩔 수 없이 이렇게 나이를 들먹이게 됩니다. 모순 덩어리이지요? 어쨌건 이제 이쯤의 나이가 되니까 조그만 일에도 걸핏하면 피곤을 느낀답니다. 나와 다른 눈금이 새겨진 자를 쥐고 있는 사람들 여럿이 모인 곳에 함께 앉아 있는 일에서 오는 피로는 특히 더 심합니다. 그런 자리를 감당하기엔 이제 내 힘이 달린다는 것을 절실하게 느끼고 있던 참이었습니다. 아니, 사실 그렇게 거창하게 이야기할 것도 없습니다. 난 그저 참을성이 없어진 것에 불과할 것입니다.

그리고 당일이 되었습니다. 이미 마음속으로 가지 않는 것으로 결정한 일이라서 나는 까맣게 잊고 있었습니다. 그 시간에 테니스장에 올라가 운동을 했습니다. 그런데 내려오다가 마침 그 모임이 끝나고 들어오는 형님과 딱 마주친 것입니다. 땀에 흠뻑 젖은 내 운동복을 아래위로 훑어보며 너? 하며 형님이 눈을 흘기셨습니다. 난 아무 변명도 하지 못 했습니다. “미안해요."하며 어설프게 웃기만 했을 뿐입니다.

그러나 속으로 나는 조그맣게 말했습니다. '형님, 나는 더 이상 작아지고 싶지 않아요.' 그러나 그런 말은 선부르게 꺼낼 수 있는 말이 아닙니다. 게다가 설득력, 말솜씨, 뭐 그런 거에 난 젬병 아닙니까. 그렇잖아도 나날이 나는 자꾸만 작아지고 있는데, 노래도 춤도 못하고 사교술도 인사성도 없이 꾸어다 놓은 보릿자루같이 앉아 있는 작고 초라한 나를 나 스스로가 다시 확인하게 되는 것이 싫었고 겁이 났습니다. 젊을 때였더라면, 적응하려고 애를 썼을 것입니다. 그리고 사실 몇 번인가 노력도 했습니다.

그러나 이즈음의 난 남에게 적응하는 것 보다 나이 들어가는 나 자신에게 적응하는 일이 더 힘들고 절실합니다. 자고나면 새로이 속속 드러나는 나이 든 나를 그래도 예뻐하고 토닥거리며, 그런 나와 사이좋게 사귀어가야 하는데 그게 잘 안 되고 있는 것입니다. 워낙 여유가 없는 사람이고, 매사에 힘이 늘 부족하다고 느껴서인지 나이 먹은 나 자신에 적응하는 일만으로도 허덕이고 있는 중이지요. 그것만으로도 힘이 부치는데, 더 작아진 나 자신을 확인함으로서 그나마 간신히 움켜잡고 있는 얼마 되지 않는 그 힘마저 더 빠지게 할 수는 없는 거라고 생각했습니다. 피하고 싶었습니다.

웃기는 이야기이지요? 내가 너무 나 자신 속에 갇혀있는 것인가요?

그런데, 우리 가만히 한번 생각해 보기로 해요.

'바가지'를 썼다는 것은 내가 부당한 대우를 받았다는 것이고,

결과적으로 내 행위가 몹시 어리석었다는 이야기입니다. 그런 일이야 누구나 숱하게 겪는 일이 아닙니까? 그리고 이쯤의 나이가 되면 자기만의 처방전을 모두가 갖게 되는 것일 것입니다. 그런 경우 나는 재빨리 잊어버리려고 애를 쓰곤 합니다. 나는 가난뱅이도 부자도 아닙니다. 그렇지만 던져버리고 잊어야 할 것이 돈이라면 그나마 쉬운 편이라고 생각하려 애를 씁니다. 그럴 때만은 과감해지려고 하는 것이지요. 그러나 그렇지 않은 경우 그것은 자칫 자신에 대한 모멸감으로 이어지기 십상이어서 나 자신을 많이 다치게 하기 때문입니다. 당신의 얼굴이 허옇게 된 것도 그 때문이라고 나 나름대로 생각합니다. 그러나 한편, 얼굴색이 그렇게 됐다는 것은 다시 회복하고 만회할 가능성이 있다는 것을 암시하는 것이라는 생각도 합니다. 희망의 색깔 같은 것입니다.

이 세상에서 정답이 단 하나뿐이고 확실한 것은 수학공식뿐이라고 생각합니다. 그 외의 것은 모두 자신의 마음이 해답이라고 생각하는 것이지요. 사람은 누구나 제 각기 제 마음속에 자신만의 눈금이 새겨진 자를 하나씩 지니고 사는 것이라는 생각을 종종 합니다. 그리고 우리는 눈금이 같은 자를 가지고 있는 듯한 생각이 듭니다.

덕분에 나를 다시 한 번 돌아보았습니다. 긴 긴 수다가 되고 말았습니다.

(2009. 3)

후기

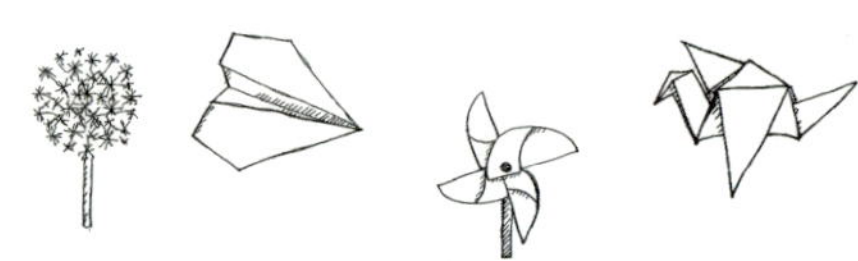

살아간다는 것은 결국 혼자서 노는 일이 아닐까.

이 책 맨 앞의 글 〈혼자 놀기〉와 뒤에 실은 콩트로 써 본 수필을 제외한 나머지 글들은 2008년 봄부터 2009년 여름까지 글자와 문장들을 조몰락조몰락 하며 혼자 놀던 '내 잡기장'이 토대가 된 것들이다. 내 생활의 궤적이라고도 할 수 있을 것이다. 점점 하루하루가 소중하고, 그 안의 흔적들이 형체도 없이 그대로 사라지는 것이 아쉬워 다시금 용기를 냈다. 어떤 그림이 될지 나도 잘 모르겠다.

배가 고파도 칭얼댈 줄도 모르는 채, 신문지 한 장을 꾸겼다 폈다 하며 하루 종일 아무도 없는 방에서 혼자서도 잘 노는 아이가 있는 풍경 속으로 나는 아무래도 다시 들어가고 싶은 모양이다.

2009년 9월

권일주 수필집

혼자놀기

인 쇄 | 2009년 10월 25일
발 행 | 2009년 11월 01일

지은이 | 권 일 주
펴낸이 | 서 정 환
펴낸곳 | 좋은수필사

주 소 | 서울시 종로구 익선동 30-6
운현신화타워 빌딩 3층 305호
전 화 | 02)3675-5635, 063)275-4000
등 록 | 1984년 8월 17일 제28호
홈페이지 | http://www.shin-a.co.kr
e-mail | bestessay@hanmail.net

값12,000원

ISBN 978-89-5925-614-3 03810

* 저자와 협의하여 인지는 생략합니다.
* 잘못된 책은 바꿔 드립니다.